# 井深大
## 『索尼精神』的缔造者

[日] 一条和生 著

宫一宁 译

人間の幸福を求めた
創造と挑戦

新星出版社　NEW STAR PRESS

IBUKA MASARU
Copyright @ 2017 by Kazuo ICHIJYO
First published in Japan in 2017 by PHP Institute,Inc.
Simplified Chinese translation rights arranged with PHP Institute,Inc.through
Beijing Hanhe Culture Communication Co.,Ltd
Simplified Chinese edition copyright @ 2019 New Star Press Co., Ltd.
All rights reserved.

著作版权合同登记号：01-2018-1763

**图书在版编目（CIP）数据**

井深大／（日）一条和生著；宫一宁译．
-- 北京：新星出版社，2019.6
ISBN 978-7-5133-3554-6

Ⅰ．①井… Ⅱ．①一… ②宫… Ⅲ．①电子工业－工业企业管理－经验－日本 Ⅳ．① F431.366

中国版本图书馆 CIP 数据核字（2019）第 072804 号

## 井深大

[日] 一条和生 著；宫一宁 译

**策划编辑**：杨英瑜
**责任编辑**：杨英瑜
**责任校对**：刘 义
**责任印制**：李珊珊
**装帧设计**：斑 马

**出版发行**：新星出版社
**出 版 人**：马汝军
**社　　址**：北京市西城区车公庄大街丙3号楼　100044
**网　　址**：www.newstarpress.com
**电　　话**：010-88310888
**传　　真**：010-65270499
**法律顾问**：北京市岳成律师事务所

**读者服务**：010-88310811　service@newstarpress.com
**邮购地址**：北京市西城区车公庄大街丙3号楼　100044

**印　　刷**：北京美图印务有限公司
**开　　本**：787mm×1092mm　1/32
**印　　张**：8.625
**字　　数**：150千字
**版　　次**：2019年6月第一版　2019年6月第一次印刷
**书　　号**：ISBN 978-7-5133-3554-6
**定　　价**：62.00元

版权专有，侵权必究；如有质量问题，请与印刷厂联系调换。

# 序

井深大作为索尼公司的创始人,为日本最具有创新性的电子生产厂商索尼的发展奠定了坚实的基础。索尼从1946年(昭和二十一年)5月成立时的启动资金19万日元、仅有20名员工的小公司成长到如今的大企业,支撑它的是"索尼精神"。创始人井深大和合伙人盛田昭夫与索尼公司的工程师们,有着同甘共苦的凝聚力,这也是"索尼精神"的精髓。索尼在不断的创新和挑战中诞生,"索尼精神"也正反映了创始人井深大卓尔不凡的一生——是井深大的生活态度,成就了索尼公司的发展。

1946年,井深大在索尼公司的前身东京通信工业公司的创立宗旨中,制定了以下两个方针:

一、在经营规模方面,要安于小规模,要把大企业为了扩大经营规模而无法顾及的技术创新和经营活动作为重点。

二、选择制品要精益求精,敢于直面技术上的困难。不追求数量的多少,而是要努力开发出符合社会需求的高科技产品。另外,应当避免只开发电子、器械的单一模式,要将两者结合,保持自身开发创新的个性,制造出无法被超越的独创产品。

"做他人未做之事""永远先人一步""运用最顶尖的技术""一切秩序都建立在实力优先、以人为本的基础上"等,都一一记载在"创立宗旨"中。

这就是索尼诞生之初的样子。在井深大的领导下,索尼公司最终得以按照它独特的经营方针不断地为日本、为世界创造新的惊喜——1950年日本第一台"G型"磁带录音机、1955年日本第一台晶体管收音机"TR"、1968年以卓越的显色和分辨率著称的索尼单枪三束彩色电视,等等,都是由索尼公司开发制造的。

索尼为世界贡献的一项项创新发明,刺激了松下、东芝、日立等其他日本企业,日本其他的电子生产厂家为了不输给索尼,也开始拼尽全力开发创新产品。这就使得从20世纪70年代开始,日本的电子生产业渐渐在世界上崭露头角并不断发展壮大。电子产业和机动车产业并肩成为日本的支柱产业,为日本成为世界第二经济大国做出了突出贡献。也可以说,井深大通过他的索尼公司,改善了当时日本电子产业模仿欧美制品和技术、零创新的尴尬境地，为产业发展带来了质的飞跃。

因此，1992年，井深大以企业家的身份获得了日本文化勋章。在他的颁奖词中写道："他引领我国深陷模仿改造之风的电子产业找到了新方向。"

1997年12月19日，井深大的一生走到了尽头，享年89岁。井深大去世后，被追授正三位勋一等旭日桐花大绶章（译者注：正三位为日本品轶与神阶的一种，位于从二位之下从三位之上；勋一等旭日大绶章为日本国一类勋章）——这是普通人能够获得的最高荣誉。井深大授勋之功绩被归纳为以下几点：

为了振兴电子科技产业，始终重视产品的创新性，并为培养高科技力量做着不懈努力。以晶体管的成功开发为起点，不断地为世界创造出新产品。这不仅仅为日本，也为全世界带来了新的文化。另外，晶体管的成功开发，也为日本电子科技等制造产业的发展奠定了基础。

井深大的冒险精神，成为旨在将公司发展为索尼第二、索尼第三的创新型企业家的典范，促进了日本创新型企业的蓬勃发展。

以技术为中心，怀揣着复兴国家的希望，从技术开发到儿童教育，井深大从事了多个领域的活动。这些活动已不仅是以索尼这一企业的身份开展，而是站在全国国民发展的角度不断推进的。这些活动在培育富有洞察力和领导能力的优秀技术人员的同时,还不断地鼓励着年轻人的发明与创新。

井深大的创造力、技术创新力以及领导能力带来的诸多贡献,使得日本从战后百废待兴的境地之中站了起来,并逐步发展成为以技术屹立世界的国家,这为众多国民带来了极大的自信与勇气。

内阁在决定为井深大授予正三位勋一等旭日桐花大绶章的会议之后,召开了记者招待会。在招待会中,当时的官房长官村冈兼造说道:"井深先生可以说是战后我国的工程师鼻祖。当下,我国正面临着许多难题。身处面向21世纪,追求科技创新立国的当今时代,正应该多多向井深先生学习。"

索尼公司的员工们也希望在井深去世之后,能将井深和共同创立公司的人们所留下的索尼精神传承下去。索尼公司的内部报刊对井深进行了追悼,期望井深精神和索尼精神都能够在索尼公司永远传承下去。"只要我们秉承索尼精神,井深先生就永远活在我们每一个人的心中。"

井深大已经去世20年了。索尼公司和整个日本,是否从井深的一生中学到了什么?在这20年里,日本的电子科技产业整体发生了翻天覆地的变化。无论是索尼公司,还是它的对手松下公司,都曾陷入前所未有的经营困境之中,并艰难地进行着改革，以谋求重生和新的希望。然而，也有一些企业仍然面临着巨大的经营危机。1997年，当时的政府想通过授予井深大勋一等旭日桐花大绶章，来推动国民积极向井深学习，而现在，这个愿望实现了吗？如果说没有完全实现，那么问题在哪里？井深大的优点，有哪些是日本企业没有学到的？井深大去世20年后的今天，我想我们很有必要对这些问题重新进行思考。井深的一生是怎样的？我们需要向他学习什么？

本书通过回顾井深大的一生，希望能让我们再次思考井深身上值得学习的地方。本书将着重回顾井深大从出生一直到1946年创立东京通信工业公司这段人生初期的生活，也就是从井深1908年出生，直到38岁的这一段人生。这是因为，诞生并发展于创造和挑战之中的索尼公司的生存之道——索尼精神的核心思想，已经被明确地记载于1946年井深起草的东京通信工业公司创立宗旨之中（以下简称为东京通信工业）。因此，我认为，若想探寻索尼公司的生存之道以及井深大的人生哲学，应该将目光集中在他38岁之前的人生经历上。

井深大在东京通信工业创立宗旨中亲笔写道："建设可供技术人员将技能尽情发挥的场所——自由豁达、使人心情愉悦的理想工厂。"如今这一目标终于如愿以偿，索尼公司也一跃成为具有创新与活力的世界级企业。井深作为创始者，为索尼公司的经营奠定了思想基础。例如，创立宗旨中提到的"公司员工均通过严格选拔，以小人数的员工构成来避免职务等级制；公司中的一切秩序都建立在对实力和人格尊严的尊重之上，最大限度地创造发挥个体技能的空间"。即使在索尼公司发展成为世界级企业的今天，这些也依然沿袭了下来。井深大追求一种每个人都能从工作中获得喜悦，充满活力、跃跃欲试的职场氛围。这种理想的职场氛围，无论索尼公司变得多么庞大，无论时代如何变迁，都将是索尼公司不变的管理原则。制度的存在不是为了管理人，而是为了创造"阳光、轻松、愉快"工作的企业文化，人事政策也按照创立宗旨在一点点进步和发展。"选择制品要精益求精，敢于直面技术上的困难。不追求数量的多少，而是要努力开发出符合社会需求的高科技产品。另外，应当避免只开发电子、器械的单一模式，要将两者结合，保持自身开发创新的个性，制造出无法被超越的独创产品。"上述经营方针，决定了索尼公司的总体战略。正因如此，索尼公司才能够史无前例地创造出索尼单枪三束彩色电视、随身听、PS游戏机等一连串震惊世界的独创性发明，从而成长为世界级别的富有个性和创新性的企业。可以说，东京通信工业创立宗旨所记载的内容，就是索尼公司的起点。

关于日本最早的"G型"磁带录音机、最早的半导体收音机"TR-55"、索尼单枪三束彩色电视以及处于索尼公司全盛时期的井深大，已经在许多作品中被提到过。然而本书将着重关注井深大成为索尼公司叱咤风云的创造者之前的生活。同时，探究井深大其人是在何种环境下、通过与什么样的人接触而成长起来的；东京通信工业创立宗旨中所体现的井深大的思想精神，是在怎样的环境下诞生的。这是对"井深大的诞生"的探究，也是对"索尼的诞生""技术革新的诞生"进行的探究。在此基础上，本书希望能够通过对井深大人生和思想精神的探索，揭示引领革新的企业家的本质、探讨井深大值得当今的企业家们学习之处。想要着重强调的是，井深大为全人类着想、不断追求全人类幸福的可贵一面。

一条和生

2017 年 6 月

# 目 录

第一部　详传

**井深大的诞生**
**东京通信工业建立之前与之后的腾飞**

Ⅰ 东京通信工业创立宗旨的起点（1）——家庭 / 003

　　1．出生于思想进步的家庭 / 003

　　2．祖父与武士道 / 010

　　3．母亲的爱与分别 / 014

Ⅱ 东京通信工业创立宗旨的起点（2）——与机械一同成长 / 019

　　1．通过摆弄机械来排解寂寞 / 019

　　2．从机械专家到基督教徒学者 / 026

Ⅲ 东京通信工业创立宗旨的起点（3）——井深的培育者们 / 030

　　1．植村泰二——工程师井深的成长历程 / 030

　　2．前田多门——东京通信工业创立宗旨的思想之源 / 034

　　3．盛田昭夫——一生的伙伴 / 042

Ⅳ 东京通信工业的诞生 / 050

  1. 进军东京 / 050

  2. 前往品川御殿山 / 055

Ⅴ 在井深领导下索尼的创新 / 064

  1. 磁带录音机 / 065

  2. 半导体收音机与 SONY / 073

  3. 索尼单枪三束彩色电视 / 085

  4. 之后的井深 / 093

## 第二部　论考

### 井深大的思想与哲学
### 井深大所谓的创新的本质

序 / 105

Ⅰ 井深的思想特质 / 107

  1. 比技术更重要的是人 / 107

  2. 培养"真正的人" / 113

  3. 对东方的关心 / 120

  4. 新范式——推翻"近代科学"界限的尝试 / 126

  5. Synthesis= 统合 / 136

Ⅱ 今天，我们应该向井深学习什么 / 150

 1. 以发挥人类与生俱来的能力为中心的知识创造与经营 / 150

 2. 思想的管理 / 162

 3. 知识中的人性 / 172

Ⅲ 尾声——再次强调重新解读井深一生的重要性 / 192


第三部　聚焦人物

**"自由豁达、令人身心愉悦"**
**蕴藏在沉稳之中的澎湃激情**

Ⅰ 关于井深大和本田宗一郎——野中郁次郎、一条和生 / 213

Ⅱ 井深大语录 / 229

Ⅲ 东京通信工业公司创立宗旨 / 239


致　谢 / 255

"企业家井深大"简略年表 / 257

写在 PHP 经营丛书"日本的企业家"系列发行之际 / 261

第一部　详传

**井深大的诞生**
**东京通信工业建立之前与之后的腾飞**

**【编辑部注】**

在查找关于企业家的相关资料时，大多数情况下会参考《日本经济新闻》连载的《我的简历》，但在查找井深大相关资料时，参考了以下书籍：

井深大 [2012]，《井深大自由豁达且身心愉快——我的简历》（日经商业人文库）。

这本书是为日经商业人文库重新编写的作品。第一章为1962年（昭和三十七年）12月，井深大本人54岁时在日经商业人文库上连载的《我的简历》（1908—1962年）。第二章为在那之后的1962—1997年的内容，并非井深大本人所著（在第二章的篇章页标有"日本经济新闻社特别编辑委员森一夫"的著作权）。第一章与第二章为讲述井深大生涯的内容，因此本书中的相关内容参考《井深大自由豁达且身心愉悦——我的简历》一书。

# I 东京通信工业创立宗旨的起点（1）——家庭

## 1. 出生于思想进步的家庭

**跟随父亲的脚步**

1908年（明治四十一年）4月11日，井深大在栃木县上都贺郡日光町古河矿业日光制铜所的员工宿舍出生，是井深甫和井深泽的长子。井深出生时是早产儿，这让他一直认为自己的人生只有50年左右。因此，井深决定在这50年时间里一定要尽量做完自己想做的事。借用他自己的话来说，正因为有这份紧迫感，所以很快完成了磁带录音机和半导体的制作。[1] 1958年（昭和三十三年）井深50岁时，东京通信工业更名为索尼。

即使是现在，在古河矿业（现古河电器工业公司）提到日光制铜所，依然是像圣地一样的场所。在地缘社会中，日光制铜所在日光可以说是标志性的存在。夏天的时候，在古河电器工业的日光事业所内，会举行盛大的和乐舞祭，可以说是一大盛事。1913年（大正二年），大正天皇和皇后首次视察民间企业，来到了日光制铜所，为了庆祝此事，在次年（大正三年）举办了这个盛大的活动。当时是天皇第一次视察民间企业，在当晚完成了这个重大的任务后，公司所有员工在庆祝的酒席上自然而然地开始唱歌跳舞，据说这就是日光和乐舞祭的由来[2]。

和乐，是由当时三种制铜所精神中的"同心协力"精神升华而来。从1922年（大正十一年）开始，日光和乐舞祭在每年7月创业纪念日和9月天皇出行纪念日之间的8月举行。现在，日光和乐舞祭于每年8月的第一个星期五举行。这个活动曾因为战争短暂中断，后来，日光和乐舞祭又恢复了往日的热闹景象，工厂会组织酒宴，成了员工和家属一同纵情欢乐的盛大活动。当天，工厂会对外开放，员工和当地居民、游客可以聚在一起尽情舞蹈。现在，工厂中还保留着明治时期、大正时期和昭和初期的建筑，依然带有些许旧时节日的气息。节日当天，会场会挂满彩灯，就连池中的船楼（译者注：大型日本式船舶的上部构造的总称）也都会用彩灯装饰。因此，霓虹灯也成为当天的一大特色。[3]当地居民和古河电工的员工会和谐地一起跳起舞来。"日光和乐舞祭"是古河员工和当地居民一同参加的盛大活动，也是古河工业和市民相处的好机会。日本企业非常重视地缘社会，因此会积极参与和市民相处的活动。在现在的日光，依然能够看到这样的企业。

然而，井深大却似乎没有参加过这个盛大的活动。因为他的父亲在 26 岁——井深仅仅 3 岁时就去世了。

井深的父亲井深甫，曾是一名前途无量的工程师，曾在新渡户稻造门下学习，中学就读于札幌中学，后就读于藏前工业（现东京工业大学前身）的电子化学系。新渡户稻造 1891 年（明治二十四年）结束了在德国的留学后，前往札幌农学院担任教授，当时井深的父亲就在他的班级学习。井深的祖父曾是北海道知事的得力手下，思想进步有作为。他非常支持儿子从札幌农学院升学进入藏前工业继续深造。对于井深的祖父来说，儿子井深甫是他的骄傲。据说井深的父亲在学生时期，曾经凭着对国外的相关书籍的钻研，在静冈县御殿场线的小山上，建造了一座小型的水力发电站。高水平的技术加上锲而不舍的进取心造就了井深的父亲。在成为基督徒并以工程师的身份不断向新事物发出挑战的井深大的身上，也能够看到父亲的影子。

**"像父亲一样"**

因为从小就失去了父亲，井深对父亲的形象一直非常渴望。在井深的手稿中能够看到，以"像父亲一样"来形容的人物占了多数。以作品《钱形平次捕物控》为人所知的时代畅销小说作家野村胡堂[4]，就是其中一例。野村胡堂是井深的母亲在日本女子大学读书期间的朋友的丈夫，曾经和井深家住得很近。因此，井深小的时候经常与野村见面，并且据井深本人回忆，野村就像自己的父亲一样[5]。然而，野村胡堂将同乡的新渡户稻造称为"我的老师"，据其本人所说，受此影响，"钱形平次是以基督教精神所撰写的"。[6]井深的亡父与野村胡堂正是通过新渡户稻造的介绍而结识的。实际上，在井深大的人生中，野村胡堂确实产生了像父亲一般的重要的影响。

据井深大的儿子井深亮说，由于父亲没有和爷爷相处太久，在和孩子们相处的时候，井深显得非常困惑。井深亮回忆道：

> 因为爷爷去世得早，我的父亲没有体会过父子相处的感觉。因此，父亲不太清楚该如何和自己的孩子相处。
>
> 父亲与孩子的相处方式，让人总感觉还差些什么。父亲很关心孩子，也非常疼爱我们，但总能感觉到父亲对相处方式知之甚少。[7]

后来，井深成立了"幼儿开发协会"，开始宣传亲肤育儿法的重要性。然而在与自己的孩子相处的过程中，井深并没有实践过这个方法，也许是因为他本人并没有体会过亲肤育儿的感受吧。也就是说，井深所宣传的亲肤育儿法，并不是通过亲自体会、实践而得出的经验。不过，他对此事的反省，使他更加深入地参与到了幼儿教育中去。

井深亮说，自己和父亲的关系"非常平淡"[8]。父亲没有狠狠地批评过自己，同样也未曾对自己大加赞赏，但也不算是毫无反应的冷漠。井深亮这样形容与父亲的关系："就像生活在同一空间、呼吸相同空气的朋友一样——沉默不语，也能懂得对方所想。"回忆起自己的童年时代，井深亮说他与父亲共处的时光是"就算谁也不讲话，也能够明白对方所想的安详且最幸福的时光"。[9] 这段时光，可以说是"现实的当下"产生了"互观性"，以不分主客的"你即是我、我即是你"的状态被父子二人共享。[10] 父子之间完全没有了与他人那样的主客关系，达到了不分你我的境地。从某种意义上来讲，这样的相处方式对于不会批评、也不会表扬孩子的少言寡语的、害羞的井深大来说，就是他自己的"亲肤育儿法"吧。

**对成长产生了巨大影响的母亲**

井深的母亲井深泽毕业于日本女子大学，在当时也是一名进步人士。母亲同父亲一样是北海道人。泽的父亲在苫小牧做过很长时间的邮局局长,他在不情愿地买下了两万坪(1坪≈3.3平方米)的土地后,反而由于土地价格飞涨,成了大地主。在封建思想浓重的明治时期,能够同意自己的女儿离开北海道去东京求学,这说明泽的父亲不仅富有,还有着先进的思想。这和井深父亲的家庭很相似。井深的母亲继承了先进的思想,因此井深也同样在思想先进的家庭中长大。

对于井深来说,母亲对自己的影响要比普通家庭大很多。井深的母亲对井深的成长乃至整个人生都产生了巨大的影响,这不单纯是因为井深的父亲很早就去世了。

对于幼年丧父的井深来说,童年的回忆和母亲紧紧相连。井深最喜欢的食物是咖喱饭和西红柿,想起这些,"母亲为我做最喜欢的食物时候的音容笑貌,不知不觉地就和食物联系了起来"。[11]井深大对母亲的感情之深,从后文将会提到的井深妻子反对母亲时,井深怒不可遏的态度可以强烈地感受到。因为井深是一个不轻易将情绪外露的人,所以这可以说是一个很反常的举动。[12]

井深是通过母亲了解父亲的。井深说,"母亲经常和我讲起父亲生前的故事。当讲起父亲的时候,母亲的眼睛就好像在遥望着远方。这个时候,在我幼小的心灵里'伟大父亲'的形象就渐渐伟岸了起来"。[13]父亲前途无量的工程师身份和父亲曾经在静冈县御殿场线的小山上，凭着外国书籍制造了小型水力发电站的事情，等等，大概都是井深从母亲那里听来的。井深像父亲一样踏上了工程师的道路，年纪轻轻就开始无线设备的开发，并且在东京通信工业、索尼运用新技术方面不断开发出创新产品，大概也是受到了母亲口中的伟大父亲形象的影响吧。3岁的时候父亲去世，在本应该对父亲没有太多印象的井深的口中，却将父亲形容为"伟大的人"，这不难看出通过母亲的形容，井深对父亲的尊敬变得越来越强烈。

井深的母亲促成了井深与野村胡堂的相遇，通过野村胡堂，井深结识了曾在战前身为贵族院议员、担任文部大臣的前田多门。后来，野村胡堂不仅仅在东京通信工业第一次增资时提供了资金，在公司即将迁往品川御殿山扩大发展的起步阶段，也在井深本人的请求下提供了4万日元的资金，挽救公司于水深火热之中。如果没有野村当时的资金支持，东京通信工业之后的命运就会大不相同。不仅如此，凭借《钱形平次捕物控》一跃成为人气作家的野村胡堂，其位于轻井泽的别墅隔壁，就住着当时著名的《朝日新闻》评论员前田多门。在野村胡堂的介绍下，井深与前田的次女势喜子相亲后结婚，井深深受岳父的影响，在他的人生观、哲学观中都能够感受到前田对他的影响。前田曾任东京通信工业的首任经理，并将当时财政界的大人物邀请到公司的经营管理层，给予了女婿井深精神上、人力上强有力的支持。也许是受到父亲早早过世的影响，井深以及东京通信工业的未来，就在母亲铺就的道路上越走越远。

## 2. 祖父与武士道

### 祖先曾是会津藩的藩士

因为父亲早逝，所以身边的男性中对幼年的井深产生最大影响的是祖父井深基。在父亲去世后，井深和母亲被接到了爱知县碧海郡安城町（现安城市）的祖父家居住。在祖父那里，井深大体会到了"可以替代父亲"的关爱，这对井深的成长产生了很大的影响。[14]

井深的祖祖辈辈都是会津藩的藩士，是会津门阀九家之一，并且都是收入很高的武士身份，现在来看大概是会津藩的经营干部级别的人物。祖父的弟弟曾经参加白虎队，最后战死在饭盛山（译者注：1868年，为了迎战维新政府军的进攻，在会津藩集结十六七岁的藩士子弟组织成少年队，其中以饭盛山的战役最为惨烈）。因为祖父当时已经超过了进入白虎队的年龄限制，所以曾在朱雀队（18—35岁）浴血奋战，幸而活了下来，后与年轻的藩主一同转移到了斗南藩。井深就在有着这些经历的祖父身旁长大。在井深的《我的简历》中与祖父相关的内容占了整整一章的篇幅。由此可以看出，祖父对井深的影响是巨大的。

井深的祖父是一名宣誓对君主效忠的忠诚的武士。在《日本经济新闻》上连载的《我的简历》[15]第一章的题目便是《我的祖父：曾在会津朱雀队浴血奋战的他代替我早逝父亲的存在》。如果说井深从祖父身上学到了什么，那么大概如井深父亲的老师——新渡户稻造所言，即包含着义、勇、仁、礼、诚、名誉、忠义、克己的武士道的道德观念。

**新渡户稻造的影响**

在这里我们暂且将目光从井深的人生上移开，回顾一下新渡户稻造的武士道精神。这么做并不仅是为了更好地解读井深的祖父，而是因为新渡户稻造也同样从各种意义上影响了井深的一生。井深的父亲和岳父前田多门都曾师从新渡户稻造；被前田招聘为东京通信工业顾问的田岛道治也是新渡户稻造的学生；野村胡堂称新渡户为老师。因此，有很多机会与新渡户的学生接触的井深，自然而然地受到了新渡户稻造思想的影响。新渡户稻造于1899年（明治三十二年）执笔名著《武士道》[16]，通过这本书向全世界介绍并阐述了日本人的正邪善恶道德观——武士道精神的起源及特性。根据新渡户稻造所讲，武士道本来是武士在职业角色和日常生活中必须遵守的规则。然而超越了武士的时代，武士道就变成了日本人特有的道德体系。武士道"没有任何实际形态"[17]，而是日本人每个人心中的"暗默知"（译者注：无法用语言、图表表示的知识，体验才能获得的知识，无形的知识）。武士道是"不言而喻的规则"，是"铭刻在心的铁律"，是"不声不响却力量强大，通过实际行动来使人臣服的实践指导"。[18]

新渡户从义、勇、仁、礼、诚、名誉、忠义、克己这几个观点对武士道这一日本人的道德体系进行了分析。说到这8点之中对武士来讲最为重要的几点，新渡户认为是义和勇。这两者，就好像"双胞胎兄弟"。义，是武士道中最为严格的信条。武士的勇气如果不建立在义的基础上，那么将毫无意义。新渡户借用了真木和泉这样一句话，来对义进行定义："无论一个人多么有才能、多么有学问，如果骨子里没有节义，那么他将无法立足于这个社会。有了节义，即使不算高雅、没有才能，也可以说有了武士的资格。"[19]新渡户认为，只有拥有坚守正义的勇气的人，才是真正的武士。同时，正义是与象征着慈爱、温柔和蔼之品德的"仁"相伴而生的。"仁"对武士来说，就是"心中适存正义"。"礼"则是对他人情绪的同情和体谅的外在表现，意味着对恰当的事物表现出恰当的尊敬，对社会地位表现出正当的尊重。然而没有了"诚信"，那么"礼"就会"沦为一出闹剧"。"忠义"，并不是不带有一丝批判地完全服从君主，绝不可以"为君主的冲动之举抑或邪念而牺牲自己的良心"。"在与君主意见不同的时候，为臣者应该采取的忠义之道……是想方设法纠正君主的邪念"[20]，这并不是受人强迫而为，而是一种积极的自我实现。武士的最终目标就是通过保持忠义之心来获得名誉。

### 井深所继承的祖父的品质

那么，井深的祖父是否是一个拥有着忠义和勇气、充满了慈爱的人呢？由于会津藩败给萨摩藩和长州藩，而曾经暂时失去自由的祖父，以废藩置县为契机，遇到了大显身手的机会。开拓使（译者注：明治初期负责开拓北海道的行政机构）时期，井深的祖父获得了差役的身份，全家一同迁往了北海道。在北海道获得北海道知事深野一三的重用，后随着赴任爱知县知事的深野一同前往爱知县，担任了工商课长、郡长等职务。

在爱知县，井深的祖父对区域社会发展做出了很大贡献。因曾在采取明治灌渠政策的高冈町驹场付出了很大心血，而深受当地的农民乃至后代爱戴，据说甚至在井深的祖父去世了

40多年后,当地农民仍然将他视若神明,满怀崇拜。[21] 在知道了井深的身份后,当地农民还特意赶到东京看望井深,因此可以猜想井深的祖父当时一定是做出了杰出的贡献。井深的祖父年轻时曾向法国人学习过兵法,因此对新文化持开放的态度,这种态度很好地被井深的父亲和井深自己继承了下来。祖父虽然很严厉,但同时也是一个非常有趣的人。祖父非常爱井深,因此可以说,井深从祖父那里获得了从父亲那里得不到的宠爱。祖父一有机会,就会和井深说他父亲是一个多么优秀、多么喜爱科学的人。在这样的生活环境和对父亲模糊的概念中,井深对科学逐渐产生了兴趣。

## 3. 母亲的爱与分别

### 最幸福的时光

对于思想进步的母亲来说,在距离东京很远的安城生活一定很不痛快。在爱知县生活了不久,母亲很快就来到东京,成为母校日本女子大学附属幼儿园的一名老师,开始独立的生活。照片中的井深的母亲,是个精致的小资女人。现实中,井深的母亲是一个执行力很强的人。在封建思想依然很强烈的明治末期、大正初期,搬出公婆的家、追求独立的生活,这需要很大的勇气和决心，况且周遭也一定曾有反对的声音。但是因为母亲去意已决，并且井深的祖父母也是有着超越了当时封建家庭的先进思想的人，所以最终同意了母亲的决定。

在东京，井深进入了母亲任职的日本女子大学附属幼儿园，并在日本女子大学附属小学读完一年级第二学期（译者注：日本小学每个年级有三个学期），这期间一直过着只有母子二人的生活。这期间的生活，给井深留下了很深的印象。曾经玩耍过的目白区的街道、去过的朋友们的家……后来井深回忆道："被母亲的爱包围着的平静祥和的幼年东京生活，对我来说是最幸福的一段时光。"[22] 也许是因为和最爱的妈妈两个人单独生活，带给了井深很大的幸福感，所以和妈妈一起的时间，对井深大来讲是最幸福的时光。

**用心的英才教育**

每逢星期日，母亲都会把井深带到博览会或博物馆去。也许在这位年轻妈妈的心里，一直想要把儿子培养成像他过世的父亲一样的优秀的科学家。科学的种子在井深幼小的心里发了芽，影响了他一生的职业选择。母亲对井深的"英才教育"非常用心。井深的母亲禁止他看那些在当时的孩子中间非常流行的《猿飞佐助》《雾隐才藏》等故事，取而代之的是让井深从小学一年级开始就阅读德富芦花的《回忆》、夏目漱石的《少爷》等作品。虽然并不知道小学一年级的井深对这些书的内容能够理解多少,但从这件事上我们同样能够感觉到,井深的母亲想要将他培养成如父亲一样伟大的科学家的愿望足够强烈。

然而,同母亲的幸福生活并没有持续很久。小学一年级第三学期时,因为外祖父生病,井深不得不转入了苫小牧的小学。然而在北海道的生活也只持续了几个月的时间。小学二年级的时候,井深又回到了爱知县的祖父母身边。后来随着迁往神户母亲再婚,井深与母亲分别的时刻到来了。

井深和母亲在东京相处的时光虽然短暂,但却在方方面面影响着他以后的人生。井深幼儿园时期好友的父亲——早稻田大学理工部的山本忠兴教授,是电视机研究开创期的学者,后来成了井深的导师。另外,如前文所提到的,井深的附近住着母亲在大学时代的好友野村胡堂夫妻。野村胡堂夫妻对待井深一家就像家人一样,因此井深对野村胡堂也很亲近。加之,住得很近的缘故,井深一直像对待父亲一样对待着野村胡堂。

---

注释:

1 *Family* 故创立者井深大・最棒的顾问追悼特别版(1998年4月、

索尼公司发行)17页。原典为"迎接创社三十五周年"Family NO.27、1982年。Family为每年多次发行的公司内部报刊。
2. NIKKO FAN, http://nikkofan.jp/topics/topics.php?id=190, 本书中的网址有效时间至2017年5月止。
3. 盂兰盆舞的世界, http://bonodori.net/zenkoku/waraku/waraku1.html。
4. 野村胡堂（1882—1963）。本名为野村长一。《钱形平次捕物控》的作者，并作为将西洋音乐带进日本的音乐评论家为人所知。音乐评论家身份时的笔名为野村荒夷。在《报知新闻》担任音乐情报和时事川柳的撰写人，对销量上涨做出了很大贡献。随后从报社独立，撰写了383篇的《钱形平次捕物控》系列。因为妻子和井深的母亲是同事，因此对幼年丧父的井深的学业进行资助，井深的公司成立后立刻提供了资金支持。聊天时，因公司御殿山迁址想要寻求野村4万多日元帮助的井深，不小心说成了"3万元"，在一旁的盛田急忙补充道"还有1万元"，于是井深提出"5万元"，当时野村很快地答应了。关于野村胡堂参照《野村胡堂——讲述其魅力与生涯》特邀嘉宾野村晴一（野村胡堂·荒夷纪念馆馆长）、NPO法人senior net第四十九回文化沙龙平成二十一年1月15日。
5. 井深大[2012]，《井深大自由豁达且身心愉悦——我的简历》（日经商业人文库）14页。以下记作《自由豁达且身心愉悦》。
6. 森健二[2016]，《索尼盛田昭夫——相信"时代的才能"的领导者》（钻石社）31页。
7. 井深亮[1998]，《父亲井深大——作为经营者、作为教育者、作为家人》（Goma书房）56—58页。
8. 同上书，59页。
9. 同上书，60—61页。

10　山口一郎 [2005]、以《从存在到生成——胡塞尔的发生现象学研究》（知泉书馆）为基础，参考野中郁次郎教授的见解。

11　前述 Family 故井深大创立者井深大·最棒的顾问追悼特别版19页。

12　前述《父亲井深大》75页。

13　前述 Family 故井深大创立者井深大·最棒的顾问追悼特别版44页。首次出现为岛谷泰彦 [1993]，《凡人井深大》（日本工业新闻社）24页。

14　前述《自由豁达且身心愉悦》17页。

15　1962（昭和三十七）年连载。

16　新渡户稻造 [1899]，《武士道》（矢内原忠雄译、岩波文库）。2016年出版第103次印刷。

17　同上书，25页。

18　同上书，28页。

19　同上书，41页。

20　同上书，55、61、69、91—92页。

21　前述《自由豁达且身心愉悦》13页。

22　同上书，20页。

## II 东京通信工业创立宗旨的起点（2）
### ——与机械一同成长

### 1. 通过摆弄机械来排解寂寞

**能够快速拆解机械的孩子**

井深的祖父母很疼爱这个孤身一人的孩子。后来井深说，和祖父母相处的时光自己"享受着非常好的环境"。但是，因为不像别的孩子一样可以在父母身旁撒娇，所以在井深幼小的心灵里有着强烈的孤独感。幼年的井深最喜欢的就是摆弄机械，只要机械一到手，就会忍不住慢慢地把它拆解开来。据说每次井深去亲戚家玩的时候，亲戚家的大人都会说："小井深要来啦，快把小物件都收起来！"[1] 小学二年级的时候，井深特别想要钟表店里的电铃，于是缠着祖父把铃铛和金属丝、干电池等全部买回了家。然而不一会儿，这个珍贵的电铃也被井深拆掉了。

**与本田宗一郎意外的共同点**

在祖父母身边长大的井深身上，发生过一件趣事。后面将说到，井深与本田宗一郎有着40多年的很深的交情，并将大自己两岁的本田宗一郎称作"无法取代的大哥、前辈"。然而两个人的性格截然相反。用井深的话来讲，本田是"性格开朗的大哥"，井深自己则有些冷漠、少言寡语。但两人却意外地在彼此的人生哲学上互相认可，因此亲密无间。

通过1915年美国人阿特·史密斯在日本各地巡回表演特技飞行时的一个小故事，可以看出两个人截然相反的性格。十分想看飞行表演的本田，从当时经营铁匠铺的父亲那里偷走了二钱，装作要去学校的样子，从储藏室里取出自行车，骑着它去了离家20千米的浜松。虽然赶到了现场，但是入场费还需要五钱，即使钱没有带够，本田也不肯放弃，爬上了会场外的一棵松树，并且用折断的松枝挡住自己，以防被发现，就这样看完了表演。与他相比，井深幸运多了。祖父带着井深来到了会场，顺利地买了票，坐在场内的座位上观看。本田则坐在松树上看完了表演。因为很喜欢史密斯将鸭舌帽反戴的样子，本田在骑着自行车回家的路上也模仿史密斯的样子将学生帽反过来戴着。相反，井深却没有这样的记忆。幼年时期的井深和本田二人虽然同样观看了飞行表演，但两个人的关注点和记忆却完全不同。

后来，本田开始对引擎产生兴趣，同时对飞机的兴趣也并没有减弱（这在本田喷气式飞机HondaJet上得到了实现），而井深开始进入电力领域。对于这个差异，井深说："本田一直有着就算没有人引导，也什么都要试一试的心态，而我则比较幸运，对于飞机的好奇心很轻易地就被满足了。也许这就是差异所在。"[2] 好奇心——对什么都想要试一试的强烈的愿望，也就是说即使是很难的事情也要努力将它实现。这从本田观看阿特·史密斯飞行表演时的反应能够更加强烈地感觉到。

### 延续至成年之后的机械分解爱好

井深拆解机械的爱好，即使成年之后也丝毫没有改变。给孩子买的玩具玩得最开心的就是井深本人，买来的都是井深自己觉得好玩的玩具，都是些可以活动的玩意儿。而且，买来的玩具并不会立刻交给孩子们，孩子们几乎没有拿到过还包着完整的包装纸的玩具。

因为如果不亲自把包装拆开，甚至于将玩具拆解开来好好了解一下它的工作原理的话，井深是不会满意的。井深的这份好奇心，不论是幼年时期还是成年后，抑或是离开索尼的一线开发岗位后,都丝毫没有减弱。一直到晚年,井深都像孩子一样天真和好奇。

这是在索尼时代的一个小故事。"呀,这真是个好东西。不错。下次的作品肯定更棒了。"这是在负责开发盒式VTR"U-matic"的堀内昭直提交样品时,井深对他说的话,井深经常如此。然而就在他人以为井深会沉浸在这次成果的喜悦中时,他的兴趣已经转移到"下一次"上去了。井深永无止境地追求着梦想,对技术人员也提出了严格的要求,井深从不轻易接受"这无法完成"这句话。然而,就如负责开发"G型"磁带录音机的木原信敏所说,"因为想要看到井深先生喜悦的神情,所以就会自然地努力起来",每当看到新技术和新制品时,井深都会发自内心地感到喜悦。这份井深从孩提时代就一直保持着的纯真、好奇心和发自内心的情感,是索尼创新的源泉。[3]

**失去了学习热情的中学时代**

因为教育需要,井深在小学五年级的时候搬到了再婚后嫁到神户的妈妈家中。在爱知县时,井深从小学五年级就打算为升学做准备,却慢慢发现乡下的教育并不尽如人意。于是井深搬到神户,并进入诹访山小学学习。为了能够考入名校神户一中，井深不得不接受着斯巴达式的教育（译者注：因在斯巴达实行非常严苛的教育，此处指严苛的教育），为入学做着万全的准备。正是这样密集的学习量，使井深得以升入神户一中学习。

然而，升入中学后，不知是否因为在小学时期接受了过量的填鸭式教育，井深的心思开始不放在学习上。取而代之，井深的心思最初转向了网球，后来又转而喜爱收音机和无线电。中学时代的井深，尤其醉心于无线电的组装以及摆弄机械。这一方面是因为井深自己的爱好，另一方面也有母亲的推动。后来井深说："自己喜欢的东西就要沉浸其中。是妈妈把我培养成了这样的人。而我没有变坏，都是因为母亲的疼爱。"[4]

井深为追求自己的爱好付出了不小的代价，他的成绩大幅下滑。即便如此，井深的热情却丝毫不减，还扩展到了业余无线电通信，更交到了远在东京的与自己志同道合的朋友。井深非常认真地钻研无线电，并且也能够自己制作小机械。

因为当时没有售卖收音机的商店，还是中学生的井深就开始不断进出当时为神户港的船舶提供无线电服务的日本无线公司办事处，和当时的员工处好关系后获得了一些真空管。身为中学生却有着这样大胆的行动，可以说井深身上有着当年只身带着幼子搬到东京的母亲的影子。终于，井深可以拿着攒下的母亲给的零花钱（据说这些钱都是出自井深父亲的遗产，因此可以看出再婚后的母亲也照顾到了自己新丈夫的心情）去买真空管来连接无线电台了。关于当时的情形，井深这样回忆道：

  我（将买来的真空管）小心翼翼地用棉花包住，好像宝贝一样激动地把它们带回了家。虽说在买来真空管前就完成了无线电台的布线工作，但由于手法太过稚拙，好不容易弄到手的真空管瞬间就坏掉了。因为检查了好多遍，所以就啪地按下了开关。

  当时的真空管就好像灯泡一样照亮了整个房间。点燃钨丝、调整一下后，能听到电台中发出杂音。慢慢地调节电容器，总算有了无线电波"滋—滋—"的声音。当时激动的心情到现在我也无法忘记。因为八小时过后电池将会耗尽，当时的充电器又负担不起，所以就必须带着沉重的蓄电池去城里拜托别人充电。就算这样辛苦也一直坚持着。[5]

  一名爱好机械的中学生，在安装了真空管的无线电台前目光炯炯的样子，立刻浮现在我们眼前。

  关于前途无量的中学生机械爱好者，还有这样一个故事。少年井深在听过了收音机里的新闻后，在报纸出版前就通过广播的方式向附近的人通知了选举的结果。这让大家都非常惊讶。昭和三十七年，井深在着手撰写《我的简历》时写道："当时人们听到新闻时惊讶的神情，我现在也无法忘记。"所以，这对井深来说一定是非常畅快的回忆。[6]

**痛下决心开始学习**

井深对机械和无线电的沉迷，最终还是影响到了学习成绩。当时，如果是成绩优秀的学生，中学四年级的时候就可以直接升入高中，但这对于当时成绩不好的井深来说简直是不可能实现的。

然而到了中学五年级的时候，井深彻底放弃了对无线电的兴趣，开始用功学习。可以毅然决然放弃曾经最喜欢的无线电，可见当时成绩不好对井深的心理产生了很大影响，又或许是受到了自己最亲爱的妈妈的告诫。总之，井深开始非常刻苦地学习。后文也会提到这样一个故事，就算自己的儿子亮上了中学，井深也绝对不允许他组装收音机。[7]这也许是因为井深对自己曾经醉心于收音机而影响了学习感到深深的后悔吧。

最后井深考取了早稻田大学第一高等学院，同时也考取了浦和高校和北海道大学预科，但因为色弱的问题，没能被这两所公立学校录取。进入高中学习后，机械、无线电再次进入了井深的世界，井深成为科学部的干部，同后来在索尼成为同事的岛茂雄一起，将科学部办得风生水起。在电唱机还很稀有的年代，井深和岛茂雄一起组装了电路放大器、借来了扬声器，通过举办唱片演唱会获得了人气。井深非常愉快地度过了与机械为伴的高中时光。

## 2. 从机械专家到基督教徒学者

### 以基督教徒身份开展的活动和不断扩大的人脉

早稻田大学第一高等学院三年级时，井深在亲人的影响下，成为一名基督徒。因为井深的父亲曾经是新渡户稻造的学生，因此井深有很大概率成为基督徒，并且很有可能在亲戚中也有人信奉基督教。加上曾经被井深当作父亲一样看待的、在早稻田大学担任井深指导教师的山本忠兴也信奉基督教，这可能也对井深产生了影响。

当时的井深热衷于以基督徒的身份开展活动。他经常出入教会，心中充满着正义感，星期日的时候还会去学校做老师，非常积极。大学时井深曾加入了名为友爱学舍的基督教寄宿宿舍，并在那里度过了非常充实且愉快的时光。但是，因为当时宿舍中已在日本生活多年的美国传教士对待信仰太不认真，井深曾经对他说:"你太轻视信仰了!"并与他大吵一架。[8]

不过,与井深相关的人里,确实有很多基督教徒。早稻田的山本教授和井深第一位妻子的父亲前田多门都曾于东京帝国时代师从新渡户稻造,晚年时期同新渡户一起成了教友派(译者注:基督教新教徒的一派)信徒。

后来,数不清井深以基督教徒的身份具体开展了多少活动。同时进行基督教徒身份的活动和繁忙的企业家的活动非常困难,这一点也是可以理解的。然而基督教一直是井深心中的支柱。井深将赌上了自己企业家和工程师的生命开发成功的彩色电视命名为"特丽珑"——由基督教的"三位一体"同"电子"二词组合而来(译者注:特丽珑:Trinitron;三位一体:trinity,基督教基本信条之一;电子:electron),由此可见,他对基督教的信仰之虔诚。与妻子分居、离婚、女儿身体残疾,等等,井深经历了许多人生的磨难。然而,在经历了这些磨难后,井深并未对人生失望,一直积极地生活着。也许是因为基督教的信仰一直支撑着他,人类之爱让他在自己的人生路上一直走下去。

### 以优秀的年轻学者的身份崭露头角

高中毕业进入早稻田大学理工学部学习的井深,开始了"真正有成果"的学习。井深的大学时期,正值电视产业起步初期,当时的理工学部长山本忠兴也是初期学者之一。山本忠兴的长子与井深是幼儿园时代的好友,因此井深深得他的喜爱。[9]

井深的研究题目是克尔盒(译者注:光学用语,Kerr cell)的相关研究,即用外部的电压调节光线的相关研究。井深发现,通过调节氖管中高频电流的频率,可以使光伸缩。这是一个非常重要的发现。这一理论后来经实验验证,毕业后的井深应用这一理论制造了"动态霓虹灯",获得了巴黎世界博览会优秀发明奖。由此可以看出井深大学阶段的研究水平非常之高。井深学生时代在相距2.8千米远的"新潮社"与早稻田大学之间进行的"光电话"实验,在当时作为划时代的发明吸引了许多媒体的目光。

通过以上事例我们可以看出,井深在早稻田大学读书期间成了一位极其优秀的年轻学者,留下了很多惊人的成绩。

---

**注释:**

1  井深亮 [1998],《父亲井深大——作为经营者、作为教育者、作为家人》(Goma 书房) 16 页。
2  关于阿特·史密斯的飞行表演的部分,参照井深大 [2010],《我的朋友本田宗一郎》(Goma书房新社)166—169页。文中的内尔斯·史密斯实际应为阿特·史密斯。初次出版为1991年，Goma书房刊。

3  Sony History, http://www.sony.co.jp/SonyInfo/CorporateInfo/History/SonyHistory/2-01.html.

4  Family 故创立者井深大·最高顾问追悼特别版(1998年4月、索尼公司发行)44页。首次出现为岛谷泰彦[1993],《凡人井深大》(日本工业新闻社)64页。

5  井深大[2012],《井深大自由豁达且身心愉悦——我的简历》(日经商业人文库)25—26页。以下记作《自由豁达且身心愉悦》。

6  同上书，26页。本章以后的记述同样出自该书27—30页。

7  前述《父亲井深大》19页。

8  前述《自由豁达且身心愉悦》30页。

9  同上书，28页。

# III 东京通信工业创立宗旨的起点（3）
## ——井深的培育者们

### 1. 植村泰二——工程师井深的成长历程

**入职 PCL、幸运的环境**

研究克尔盒为井深的入职加分很多。当时为井深的研究成果出具专利证明的审查官，称PCL（Photo Chemical Laboratory= 照相化学研究所，现在与东宝相关联）（译者注：PCL 是东宝电影公司的前身）很需要像井深这样的人才，因此将他推荐给了当时担任研究所所长的植村泰二（经济团体联合会会长植村甲午郎的弟弟）。特许厅的审查官如此照顾井深，很让人惊讶。

井深有着将人牢牢吸引住的魅力。就像木原的发言中介绍的那样，索尼公司的员工最常说的就是，为了让井深高兴而拼命工作。井深去世后，索尼公司当时的总裁大贺典雄说道："井深先生是一位让人非常想帮助他实现梦想和构想的人,直到去世还保持着少年一般纯粹的好奇心。"[1]当时特许厅的审查官大概也是在大学生井深的身上感受到了少年的纯粹,所以才抱着想帮助他实现梦想的想法将他推荐给了PCL吧。

PCL研究所主要承包日活等电影公司的有声电影。井深就职时的第一志愿,其实是东京电气(现东芝),但入职考试不幸落榜。1933年(昭和八年)井深毕业,世界经济危机后的萧条还在持续,就业十分困难。植村对井深研究的克尔盒给予了很高的评价,甚至催促井深说:"我会给你很高的职位,给你很多的工作机会,快点来吧!"[2]植村对井深的欣赏之情可见一斑。大概他也是被井深少年一般的好奇心所吸引吧。

井深最终决定进入PCL工作。因为落选了东芝而为自己大学时期学习偏科感到懊悔,不过懊悔的心情很快就消失了,因为他在PCL的工作环境非常令人满意。事实上,PCL的工作对井深来说正合适。因为井深对声与光之间自由切换这一录音技术非常感兴趣。

另外,在主业录音研究以外,PCL还给了井深自由研究的环境。植村很好地履行了当初招募井深入职时的承诺。这样做使井深得以继续大学时代的研究——"动态霓虹灯",并参加了巴黎世博会的展出,获得了优秀发明奖。

发明了"动态霓虹灯"、参展巴黎世博会、获得优秀发明奖的井深。
1933年 25岁

### 对井深的成长产生的巨大影响

后来井深说,"当我的发明在巴黎世博会获奖的时候,植村所长握着我的手,打心眼里为我高兴的一幕,给我留下了很深的印象"。[3]植村在井深的培养上倾注了很大心血,对井深的成长起到了很大的作用。只要是对整个日本有益的研究,就算在公司业务外,也会给井深足够的空间。新技术的开发,不可为私利,须是为国家的利益、为人类的进步——这是井深在植村那里学到的重要一点。

这一点，在后来的东京通信工业创立宗旨中也有所体现，并且在索尼的经营中也被坚决贯彻。另外，植村还把刚刚入职不久的井深看作工程师，并允许他参加技师长云集的技术会议。后来井深回忆当时植村和技师长的"关照"时说道："让还是新手的我参加会议，植村所长、增谷技师长简直是对我眷顾至极。"年轻的井深，从参会的长辈那里学到了很多。"听经验颇丰的前辈们讲话，不论是在技术方面还是在人生方面，都学到了很多。"[4]

在PCL，井深通过与植村以外的人交流，也获得了很多锻炼。这一段体验，成为后来井深在索尼公司时人才培养、人才活用的指南针。在索尼，井深也会给年轻的员工以重大的职责，并且也同样会认真倾听新员工的意见和建议。在任用人才方面，井深只注重这个人的能力，而非学历和工作经历，因此任用了许多各个年龄段的人才。设计出索尼单枪三束彩色电视机的人，是入职只有4年的森尾稔。担任"G型"磁带录音机开发大任的木原信敏，当时只是刚刚进入公司两年的年轻人。

虽说当时人手不足，但在上了年纪的人中，也应该有相当优秀的技术人员。然而，井深却认可年轻人的力量，给了他们发挥的空间。在会议中，"不论是部长还是科长，抑或是新人，对每个人的发言都平等对待、侧耳倾听"，只要是觉得精彩的发言,"即使是新员工的意见也会说'就这样做!'并将它采纳"。[5] 井深从植村那里学来的东西,都在索尼得到了实践。

井深的工资每个月都在提高,也许是因为他的工作非常被植村认可,这也大大地满足了井深的"机械梦"。井深花280日元购买了莱卡相机,工作第三年的时候又购买了一辆二手的Datsun汽车(译者注:原日本DAT汽车公司生产的一款小型车)。当时井深的工资是每个月120日元,而东京大学毕业员工的初薪是60日元,可见当时井深的工资非常高。说着"就算少吃一顿饭也想拥有自己的车"的井深终于实现了他的愿望,"就好像中了汽车的邪一样,明明没什么急事也要早上晚上开着汽车到处转"。[6] 出了新品就立刻想要买回来的强烈好奇心,无论如何都要满足愿望的强烈意志,对新事物的满满的热情——这些就是井深的特质。

## 2. 前田多门——东京通信工业创立宗旨的思想之源

### 与前田多门的相遇

在PCL工作时期,井深的私生活发生了很大变化,那就是井深与野村胡堂介绍的相亲对象结婚了,对方是野村在轻井泽别墅的邻居、前田多门的二女儿势喜子。野村之所以将她介绍给井深，是因为野村与前田关系非常亲密，野村将新渡户稻造看作大师一样崇敬，而前田又是新渡户门下优秀的学生。

前田多门是1884年（明治七年）生人。从一高（译者注：东京大学预备高中）升入东京帝国大学。大学期间师从新渡户稻造，与鹤见祐辅、田岛道治、岩永裕吉并称"新渡户四大天王"。课外还参加了内村鉴三的圣书研究会，也受到了许多内村的影响。从东京帝国大学毕业后，前田进入了内务省（译者注：第二次世界大战前统辖警察和地方行政等的中央官厅）工作。1916年（大正五年），前田被任命为内务大臣后藤新平的秘书官，成为后藤集体一位实力官员。后来，作为ILO（国际劳工组织）日本代表赴任瑞士日内瓦，后又作为大使馆参事官前往法国。1926年回国后，前田凭着广阔的视野和丰富的国际经验，于1928年（昭和三年）成为《朝日新闻》评论员。1938年从《朝日新闻》辞职后，为了扭转逐渐恶化的日美关系，前田作为日本文化会馆馆长同家人一起移居纽约，继承了既是恩师也是媒人的新渡户稻造以"成为横跨太平洋之桥梁"为目标的愿望。妻子房子一直是教友派信徒，曾在新渡户稻造担任顾问的普连土学园上学。前田夫妻二人都受到了新渡户很大影响，前田在妻子房子死后也成为教友派信徒。两人生育了一个儿子三个女儿，长子是法国文学家前田阳一，同植物学家神谷宣郎结婚的长女美惠子是一名精神科医生，并以此身份开展了广泛的活动，神谷美惠子不仅写作专业书籍，散文、哲学等领域也有涉猎。与井深结婚的势喜子则是美惠子的妹妹、前田的二女儿。

日美开战后，前田就任新潟县知事，后于1945年成为贵族院议员，在战后不久成立的东久迩宫内阁被选拔为文部大臣（同年8月8日），致力于教育改革的推进。1945年9月2日，前田收到了投降签字文书，向全国发表了名为"告青年学生"的广播，"日本前进下去的道路只有一条，那就是用文化和教养来代替武力，以真正道义的身份，为世界的前进做出贡献"，以激励肩负日本未来的年轻人。在广播中，前田说道：

我们国家一直没有尊重个性的观念，民众坚决态度的缺失，是军国主义为所欲为的重要原因。尊重自己人格的人，同样，也必然会尊重他人的人格。（此处有删减）必须要重视科学。然而这个尊重不应该是出于对眼前功利的追求，而是应该出于以根植于探究尚未达到的真理的、纯粹的科学思考力以及科学常识的涵养为基础的信念。换言之，是去认识科学这一高级人类必备素质的领域。另外，自然科学虽然重要，但现在世界上人文科学的进步明显迟于自然科学的发展——这是世界性的难题。人文科学与自然科学发展的不平衡,使我不得不来唤起学生们的向学之心。进一步讲,虽说君子要成器,但是,明治以来教育的一大弊端,就是将人仅仅培养成了"可用之器",忽视了明治初期前存在的精神教育这一根源。这个弊端必须要改正。

最近,日本精神的呼声高涨。然而,这种呼声带有太多政治色彩,其内容格外空虚。是不是因为这并不是出于真心,所以才招致了今日的下场,这一点必须要深刻反省。在保证宗教自由的同时,不能说必须要侧重某宗某派,一定要养成"敬畏未见之物、保持着谦虚的态度、真心并情不自禁地向往着伟大的事物、仰视权威"这样宗教一般的情操。这次,在战争末期出现的各种各样的有违道义的事实、一直延伸到战争结束的利己主义、近来的自私自利主义的风潮,我深切地希望能在诸君心里留下一些深刻且沉重的印象。[7]

### 前田多门所产生的强烈影响

上文提到的前田对学生们的呼吁,强烈地刺激了当时饱受战争摧残的人们的心,都说"好似迎接黎明前的曙光一样心存感激"。读了前田的《告青年学生》,莫名有一种初读井深的东京通信工业创立宗旨时的激动心情。确切地说,井深的东京通信工业创立宗旨,大概是受了《告青年学生》中体现的前田思想的强烈影响。或者说,虽然井深也许再也不能被称为青年学生,但东京通信工业创立宗旨是井深在理解了前田的思想基础上的成果。例如:

在战时困境中,大家实地体验了孜孜不倦地努力完成自身的使命、为了追求兼具意义和趣味的技术成果,发挥着惊人的热情和能力的过程。并且知道了不会有任何事物会影响这份专注。[8]

从东京通信工业创立宗旨中的这样一段话,可以感受到与前田提到的"作为高级人类素质的一部分,去追求科学、去深刻学习"共通的井深的思想。并且,正是因为阻碍了青年心中的激情,日本才落得了失败的下场。对此结果沉痛的反省之情,前田和井深是共通的。

前田还和币原喜重郎一起参与了"不可再将天皇奉为神之存在"的《人间宣言》,并让自己的女儿美惠子以秘书的身份负责与GHQ(译者注:驻日盟军总司令。第二次世界大战结束后,为执行美国政府"单独占领日本"的政策,麦克阿瑟将军以"驻日盟军总司令"名义在日本东京都建立盟军最高司令官总司令部,在日本通称为"GHQ")的交涉以及文件的翻译。[9]前田曾在币原喜重郎内阁留任,但因战时任新潟县知事时的工作与大政翼赞会（译者注：日本第二次世界大战期间统治国民的组织）有关，而于1946年1月被开除公职[10]。如后文所述，在被开除公职5个月后，前田出任东京通信工业首任总经理。[11]

井深第一次见到前田是在同前田的二女儿势喜子相亲的那天。当时，比起势喜子，井深更对她的父亲前田感到好奇。井深这样回忆相亲那天的情况：

被野村带去前田家时，看到20岁左右、穿着浴衣系着白色花纹腰带的势喜子走了出来。当时势喜子还在女子美术学校读书，我甚至想"这样的女孩会结婚吗"。比起势喜子，我更喜欢她的父亲，并且势喜子的母亲比我还要积极地筹备着我们两个结婚的事情。前田夫妻俩硬要撮合我们两个结婚，所以最后就决定在一起了。[12]

### 在新渡户稻造的介绍下

井深被前田吸引了，被同父亲一样曾向新渡户稻造学习的前田的思维方式、生活方式深深地吸引了，并且亡父是通过新渡户稻造的介绍与前田相识的。前田同新渡户稻造一样，肩负着对国际和平做出贡献的使命感，在新渡户的影响之下，为了实现一个每个人作为独立的人类而紧密相连的理想社会而奋斗着。在《告青年学生》中体现的前田的思想，也是来源于此。在一高读书时的前田，肩负着强烈的使命感，从新渡户稻造校长那里学到了许多必要且对社会有用的东西。我们来回顾一下前田的一高时代，并做以下记述。

当时，新渡户老师不仅是一高的校长，还是首屈一指的教育家，他经常强调在纵向关系以外，还要重视横向的关系，也就是说，每个人需要平等地相互依靠、相互扶持，共同建造更好的社会。当下日本人的素质如此欠缺，我认为最紧要的任务是培养作为社会人必需的社会奉献精神。[13]

前田的问题意识在于，之所以日本尚未建成"每个人平等地相互依靠、相互扶持"的社会，是因为日本人没有"公民课"的教育。前田提出，在日本的政治环境下，公民不知如何支撑起互相扶持的生活方式，所以才轻易地受集体主义和军国主义的摆布。[14]前田所认为的"公民课"，是指学习市民的义务与权利，只有拥有了这方面的知识，每个公民才会负起责任来为共同的社会生活而不懈努力。因此，前田期望通过教育来使日本人领悟公共生活的景象。

"从形态上来说，民主主义就是每个人都为了共同的生活而努力。共同生活中的事情的处理，即政治，是每个人的责任。"[15]这句话的内涵，与将武士道精神的"忠义"定义为"非受他人强迫,而是主动的自我实现"的新渡户稻造的思想有共通之处。对于新渡户来说,不随波逐流的守护正义的勇敢者,才是真正的武士。

作为战后首任文部大臣的前田所追求的是:创建一个由独立的个体组成的理想的共同生活、培养拥有与他人共同生活的必要能力的带有主体性的市民、市民对共同生活的开化。井深所追求的,同样是这样的生活,并打算通过东京通信工业来实现。他在创立宗旨中这样写道:

> 就这样,认真严谨的工程师们在人格上相互认同、秉持着坚定的协作精神,在一种可以尽情发挥技术与能力的环境下工作。即使这样的人很少、硬件条件缺乏,在这种环境下的工作也会是令人非常享受的过程,其成果也会非常丰硕。我经常盼望着这个理想能够实现的那一天。[16]

井深的精神就是索尼精神,其源头在于前田多门,甚至在于新渡户稻造。

不过,之前引用的"强迫两人"而成的"婚姻"这一段中,似乎暗示着两个人将来的分离。井深和妻子于1936年(昭和十一年)12月结婚,昭和十二年迎来了长女志津子,昭和十五年迎来了小女儿多惠子,昭和二十年两人的长子出生。然而幸福的生活并未长久。长子进入中学时井深和妻子就已处在分居状态,儿子大学三年级时两人离婚。但两个人并不是因为互相厌恶而离婚的,而是因为两人不合适。井深的妻子是出身名门的千金,与井深的性格合不来,因此两个人无法再作为夫妻生活下去。后来井深对即将嫁给儿子的女孩说,"她是一个好人,但我们两个无法再维系夫妻关系"。井深说,"我也到这把年纪,也想开始做一些自己喜欢的事情了。请成全我吧",于是便离开了两个人的家。[17]

## 3. 盛田昭夫——一生的伙伴

### 日本测定器的创立

PCL 最终无法只靠承包有声电影支撑下去,更改成了电影公司,开始自主制作电影。井深因为自己不太适应电影行业的工作,在 29 岁时向植村申请调职至日本光音公司。日本光音曾是植村担任总经理的为有声电影制造 16 毫米放映机的公司,在井深进入公司后特意成立了无线部,以主任的级别进行了各种各样的研究。由此能够感受到想要帮助年轻的井深实现理想的植村以及日本光音公司所有人的善良和包容。这也许是因为

日本测定器时代。左一为井深大。1940 年 32 岁

井深的个人魅力吧。另外,在光音公司,井深也遇到了后来和自己一同在索尼工作的伙伴们。

然而,因为光音公司本来的业务是为有声电影制作放映机,所以这样的环境对于什么新事物都"想要有所涉猎"的井深来说渐渐变得不那么自由。因此,井深将光音公司的无线部独立出来,决定成立一个制造测定器的专业公司。昭和十五年,井深邀请植村任总经理,并同早稻田大学时期的伙伴们一起成立了由 30 名员工组成的名为日本测定器的公司，井深自己则任常务董事，公司离后来位于五反田的索尼总公司很近。

日本测定器公司对井深以后的人生产生了两点巨大的影响。第一，井深确立了自己在事业上的思想体系。[18] 那就是将机械和电器结合，做能将两者的优点发挥出来的工作。这一思想，在东京通信工业创立宗旨中的"应当避免只开发电子、器械的单一模式，要将两者结合，保持自身开发创新的个性，制造出无法被超越的独创产品"这一段中也被积极倡导。也就是说，早在日本光音时代，东京通信工业创立宗旨的实践性基础已经形成了。在日本测定器公司时期，井深在开始他的领导工作的同时，也开始了音叉振荡器、放大器等的试行制作。这些成果逐渐被军队的无线电操纵、雷达的频率标准所采用，因此与军队相关的订单极速增加。日本测定器逐渐发展成军需工厂。例如，井深所发明的频率继电器[19]，被应用于潜水艇探测器，悬挂在飞机上用于监测潜水艇的探测器中心部位使用的是井深发明的放大器，可以监测到水下 30 米深的潜艇。[20]

日本测定器公司的事业依靠着军需不断发展起来，员工数量也迅速增长为原来的 10 倍。当战争不断深化，开始有许多通过学生动员（译者注：日本从 1938 年起，为增强生产力，对中学以上的学生实施的强制性劳动动员。事实上学业已停止，进一步强化动员在校生直接去军需工厂劳动）来参加劳动的学生，其中就有上野音乐学校（现东京艺术大学）的学生。井深等人从他们的身上获得灵感，想到了利用他们的音感配合音叉替代测定器，来进行频率的调整这一独创性的方法。音乐学校的学生们音感很强，耳朵也很灵敏，因此可以仅仅使用音叉就完成对频率的调节。学生们也对自己的才能可以派上用场感到非常高兴，偶尔公司全体人员会聚在一起举办大型音乐会。可以感受到，即使在战争这一残酷的背景下，也要享受艺术、沉浸音乐、过好丰富多彩的生活这一井深的人生观。

**与盛田昭夫的相遇**

日本测定器公司对井深的一生产生的第二大影响，就是与盛田昭夫的相遇。在探讨新兵器研究的军事科学技术研讨会上，井深第一次遇到了自己终生的事业合作伙伴盛田昭夫。这场科技研讨会由陆海军及民间学者参加，在红外线探测火箭研究分会场，井深和盛田昭夫初次相遇。那是停战的那一年，1945年（昭和二十年）的3月。当时，盛田是刚刚上任的海军中尉。对于第一次相遇，井深这样回忆道：

> 盛田和我的年龄差了10岁，[21] 但当时我们两个意趣相投。

盛田是毕业于大阪大学理学部的优秀技术军官,他的素质吸引了我,通过对红外线炸弹的研究,我们两个人的交流越发深入。[22]

而盛田则这样回忆道:

在讨论组的民间代表中间,有一位当时正在自己经营公司的优秀电子工程师,同时也是后来对我的人生产生了巨大影响的人,就是井深大先生。虽然井深先生比我大13岁,但我们从一开始就意趣相投。以此为机缘,他成为我后来生涯的前辈、同事、搭档,也成为创立索尼公司的合伙人。[23]

井深不是在意年龄差的人,所以13岁的年龄差对他来说并不影响二人的相识。分会场最年轻的盛田,很像在PCL公司时被允许参加技师长会议的年轻的井深。也许井深在盛田的身上看到了自己曾经的影子吧。盛田下文说道:

能成为这个研究小组的一员,我感到非常荣幸。因为毕竟组员中的大部分人都是该领域著名的大前辈,年轻的我竟不自量力地与比自己地位高的人来往。我们为了一个领先时代的计划共同生活了几天，接着就开始变得亲密无间。[24]

井深被盛田的"素质"所吸引、而盛田被井深新颖的思考和独创性所打动，心想"我一定要和他一起工作"。[25] 也许是因为两个人之间有着强烈的化学反应，自从两个人认识开始就一直在计划着一起创建一家公司，随着战争的结束，这一天终于来到了。

---

**注释：**

1 Family 故创立者井深大·最高顾问追悼特别版（1998年4月、索尼公司发行）2页。
2 井深大[2012]，《井深大自由豁达且身心愉悦——我的简历》（日经商业人文库）33页。以下记作《自由豁达且身心愉悦》。
3 同上书，35—36页。
4 同上书，35页。
5 同上书，135页。
6 同上书，37—38页。
7 大濱澈也"学习！历史"日本文教出版 Web magazine《学人》Vol.98 "新渡户稻造教给我的新世界"。http://www.nichibun-g.co.jp/column/manabito/history/history098/。
8 前述《自由豁达且身心愉悦》204页。

9 神谷美惠子也曾担任过美智子皇后的顾问。

10 根据井深所说,前田多门因是新潟县知事而自动任职大政翼赞会的地方支部长,因为这个原因而被开除文部大臣职务。前述《自由豁达且身心愉悦》57页。

11 后来前田先后任职日本育英会会长、日本ILO协会会长、呼吁世界和平七人委员会会员,1962年去世,享年78岁。

12 前述《自由豁达且身心愉悦》39页。

13 前述"新渡户稻造交给我的新世界"。

14 New Age杂志上刊登的以"提倡新公民之路"为题的报道中的前田的见解。由日本《每日新闻》发行,报道记载于1951年第3卷第1期。引用内容来自以下网址:http://www.nichibun-g.co.jp/column/manabito/history/history097/。另,次杂志藏于国立国会图书馆电子书库。http://dl.ndl.go.jp/info:ndljp/pid/2310506。

15 大濱澈也"学习!历史"日本文教出版Web magazine《学人》Vol.97"前田多门的眼睛"http://www.nichibun-g.co.jp/column/manabito/history/history097/ 原出处为前田多门[1955],"我的纯粹的幻灭感"。

16 前述《自由豁达且身心愉悦》205页。

17 井深亮[1998],《父亲井深大——作为经营者、作为教育者、作为家人》(Goma书房)74—75页。

18 前述《自由豁达且身心愉悦》43页。

19 继电器:根据线路电流断续而开闭的装置。井深发明的频率继电器,是在只对特定的低频频率产生反应并振动的机器前端设置接触点,从而使继电器工作的装置。索尼广告部[2001],《索尼自述》(WAC)16页。

20 盛田昭夫[2012],《【新版】MADE IN JAPAN——我们的体验型国

际战略》(PHP研究所)。下村满子在本书版权页以联名作者和译者的身份出现,其原因在本书开头的下村所写的"写于新版"有详细解说。本书在1986年由日本朝日新闻首次出版。以下称《【新版】MADE IN JAPAN》。

21 实际上有13岁的年龄差。
22 前述《自由豁达且身心愉悦》46页。
23 前述《【新版】MADE IN JAPAN》53页。
24 同上。
25 同上书,72页。

# Ⅳ 东京通信工业的诞生

## 1. 进军东京

**借停战之机"立刻进军东京"**

随着东京的战争日趋激烈,日本测定器公司从东京撤离到长野县须坂,将拥有两万平方米苹果园的造纸厂改造为新的厂址。从东京一同迁来的员工再加上在当地新录用的员工,日本测定器公司一跃成为拥有800名员工的大工厂。须坂没有遭受空袭,也不存在粮食短缺问题,公司的生产活动得以顺利进行,制造出了秘密通话装置防窃听音叉等产品。

然而做军工订单时,必须按预定设计一一照做,没有发挥创意的余地,这让井深感到非常无趣。不仅仅是感到无趣,井深很反对将科技应用到置人于死地的战争中去。他甚至认为,领土的竞争也可以用类似于科技竞赛的方式解决。这样,就不会有战火硝烟,技术也能得到提升与发展。井深一直梦想着有一天战争结束，能够面向普通消费者进行生产，来一场工程师之间的竞赛。[1]

当时，井深的岳父前田多门正在轻井泽，能够通过近卫文麻吕掌握到详细的战争动向。近卫还会特意前往轻井泽，与前田讨论战局。通过与岳父的交谈，井深预料到了日本必然失败的下场。盛田也预料到了战败的结果，在停战前一周来到井深在须坂的住处，二人彻夜长谈。作为军人的盛田认为日本战败是必然的结果，因此二人对停战后的打算做了详细的探讨和计划。

虽说已经预见了日本的战败，但这一天真正到来的时候，井深还是受到了打击，但他立刻就开始了下一步的行动。在公司内部，有一些"长野残留派"认为没有必要如此慌张，在长野生活也还好，等到时局稳定下来再迁往东京也不迟，而井深并不这样想，他认为越早迁往东京越好。井深曾对日本光音时代的朋友樋口晃说："樋口，战争马上就要结束了。战争结束后我要立刻去东京！"[2]认为自己的人生大概只有50年的井深，当时37岁，时间不等人。

1945年（昭和二十年）9月，井深与7个朋友一同回到东京，在日本桥白木屋三楼的一间屋子里挂起了"东京通信研究所"的招牌。这就是索尼的起点——位于白木屋的一间屋子。然而，井深等人虽然下定决心回到了东京，关于事业的具体想法却还不成熟，资金来源也只有井深自己的钱。为了筹集到启动资金，井深等人绞尽了脑汁。在开会的时候，众人提出了各种各样的想法，比如，在荒野上开一个高尔夫球场，或者涉猎食品产业、生产和果子（译者注：和果子，一种日式点心，以小豆为主要原料）等。

但最后大家还是在"电子企业还是要专注于电子产业"这一点上达成了共识。刚开始想到制造烤面包机，但最终还是放弃了。因为当时已经有很多生产烤面包机的工厂，模仿他人在井深看来是很无聊的事情。在这种情况下，大家最终决定生产在木制的桶形容器底部安装螺旋电极的电饭煲，但以失败而告终——这是索尼的第一件失败商品。

**与盛田昭夫注定的重逢**

在无数次的失败中也诞生了成功的产品——把一根真空管做成的简单收信线路放置在小木箱里的适配器。它是一种通过简单安装，就能将收音机变成短波接收机的装置。虽然在黑市弄到高价出售的真空管费了一番周折，但成品却收获了不俗的销量，在昭和二十年十月六日的《朝日新闻》"蓝铅笔"版块，曾与井深的岳父前田有过一面之交的记者这样介绍该产品：

近日，文部大臣前田的女婿、原早稻田大学理工科讲师井深大，在日本桥白木屋三层成立了东京通信研究所，不追求利润，一心投入改造实用型接收器，并致力于普及通过附加装置改造的短波接收器。（此处有删减）如若今后开放民间广播许可，各家私立广播电台开始播放，用以前的接收器可能会出现混线的情况。据说通过改造或者使用附加装置能够解决这一问题。[3]

这篇报道引起了很大的反响，看了这篇报道前来咨询的客人在白木屋的小屋前排起了长队。然而比这更重要的，就是盛田在10月6日名古屋版的《朝日新闻》上读到了这则消息。

盛田对这则与好朋友井深有关的久违的喜讯感到非常激动，立刻写信给井深表示想要去东京与他会面，并希望能协助他的事业。井深立刻回了信，表示欢迎盛田来看看新公司，并告诉他目前的经营条件非常艰苦，只能自掏腰包解决员工的工资问题，急需新的资金来源。

盛田来到东京白木屋的小屋时觉得"一看就觉得可怜"，但井深的脸上却散发着光彩。[4] 盛田原本是受高中恩师的邀请，到东京工业大学做讲师而来东京的，但经过与井深的探讨，1946年（昭和二十一年）3月，两人终于决定一起创建一家新公司。这时距两人初次见面只有一年，但两个人却已经开始了共同的梦想。

但两个人要建立自己的公司，还存在着一个很大的困难，就是要说服盛田的父亲。盛田家是造酒世家，已有350年以上的历史。历代的一家之主都自称为久左工门，盛田昭夫应是第15代家主。据盛田说，在当时的日本，家里的男孩，尤其是长子，要放弃继承家族产业而去从事其他工作可是一件天大的事。[5] 于是盛田、井深，还有辞去文部大臣不久的前田，三个人一起乘坐夜车前往盛田的老家去求得老人家的同意。那是昭和二十一年四月。

盛田昭夫的家人亲切地接待了井深和前田，"那时候受到的款待，让我至今记忆犹新。当时的黄油果酱面包和红茶，简直是太美味了！"井深后来和盛田怀念道。[6] 盛田家还拥有一家面包厂，生产的面包口味非常棒，在当时大多数国民吃了上顿没下顿、粮食短缺的情况下，已经是难得的美味了。

在大家融洽交谈之际，井深和盛田向盛田的父亲谈起了新公司的计划和寄托在它身上的梦想，并说明盛田是这项新事业不可或缺的一员。对此，盛田的父亲表示，儿子昭夫是要继承家业的长子，自己也一直期盼着这一天的到来，但是，"如果说儿子是为了打磨自己，或是为了锻炼自己的能力，而想要从事其他工作的话，我觉得是有必要的"。然后望着儿子笑着说，"你小子可要好好做自己喜欢的事！"盛田听到父亲的话欣喜万分，井深却感到异常惊讶。后来井深说："我还以为会更难呢。"[7] 实际上，盛田的父亲能够做这个重大决定，其原因也和前田分不开。后来据盛田回忆，父亲曾对他说，"因为这是前田信赖的事情，那就尝试一下吧"。[8] 总之，如果没有盛田的父亲在这一天做出的决断，索尼公司就不会存在了。后来，盛田的父亲在资金方面也给予了井深和盛田许多支持，并且十分相信井深和儿子以及公司的未来，从没有催促过两人还款。

## 2. 前往品川御殿山

### 东京通信工业的成立

终于，井深和盛田共同出资，于1946年（昭和二十一年）5月7日成立了东京通信工业。成立当天有30人到了现场。首任总经理为井深的岳父前田多门，资本金19万日元。当时38岁的井深任专务董事，25岁的盛田任常务董事，田岛道治任顾问一职。田岛是与前田并列为"新渡户四天王"的其中一人，也是前田的好友。他与前田都是新渡户以及内村鉴三的得意门生，同时也是基督教徒。前田向田岛求助道："我的女婿

坐在作为公司用车购买的Datsun汽车中的井深大。1946年 38岁

正要开始创业,可一分钱也没有。能不能麻烦你联系一下银行。"当田岛得知井深是和盛田昭夫一同做生意时,表示如果是盛田的儿子那就一定要支持。曾在爱知银行任常务、昭和银行任行长的田岛,非常了解盛田家。他不但响应了前田的求助,还同时表示,因为都是年轻人的公司可能会失去方向,所以愿意做公司的顾问来监督大家。[9]

田岛立刻拜访了当时帝国银行(现归属于三井住友银行)行长万代顺四郎。万代是当时日本屈指可数的银行家,在金融界被誉为"神一样的存在"。[10]

田岛问万代,有几位认识的青年工程师在认真地完成自己的事业,万代先生可否鼎力相助,帝国银行可否向他们提供援助,万代听罢就说:"好的,可以!"立即答应了下来。[11]

当时的东京通信工业还是一个没有资金又充满了风险的小规模公司。万代的决断意味着,在刚刚停战的这段时期里,银行有着愿意和企业一同冒险的气魄。并且万代没有要求公司拿出工作计划,也没有对公司进行审查,这位金融家就是这样为了梦想拼一把的井深和盛田着想的。与万代一起见证了东京通信工业起步时期的小山五郎回忆道:"事实上,对科学,尤其是科技一窍不通的我,被井深远大的理想启发,开始坚定地相信眼前的这个小公司将来必成大事。但是说实话,当时我并没有想到索尼会发展成为现在这个世界知名的公司。"[12]

后来,万代成为公司顾问。被GHQ解除职务后,万代辞去了其他所有职务,只继续着东京通信工业的工作,1953—1959年任会长(译者注:在公司或公司的联合体中,身为公司代表人或处于类似地位的实权人物)职务。万代拯救了在起步阶段为资金发愁的东京通信工业,在资金周转和融资方面大大地帮助了陷于窘境的井深和盛田。万代后一任的帝国银行行长佐藤喜一也将这样的援助延续了下来。这些金融机构坚信着井深和盛田新事业的前途和重要性，它们的支持为处于起步阶段的东京通信工业提供了坚实的后盾。

公司的监察人一职，由在战前第二届、第三届的近卫内阁、战后的铃木贯太郎内阁、东久迩宫内阁担任法治局长的村濑直养担任。这样，38岁的井深与25岁的盛田，得到了经验丰富、在政治财经界拥有丰富人脉的年过花甲的"大家"以军师的身份给予的鼎力帮助。东京通信工业就从这里启航了。田岛、村濑是前田的朋友，在振兴东京通信工业的过程中前田的人脉发挥了极大的作用。实力超群的他们，解除公职后（前田、村濑、万代）开始大力支持年轻人的事业。在公司的管理上，这些"大家"给予了很多建议和帮助；在公司的经营上，野村胡堂以及盛田的父亲也在资金方面给予了很多支援。

东京通信工业起步还不到一个月时，位于白木屋的小屋就不再适应公司的规模，于是公司在长野县小布施村的一座废弃工厂开设了长野工厂，并增加了员工数量。公司渐渐走上了正轨。然而，随着战后复兴，白木屋的商品渐渐多了起来，必须要扩大卖场空间，所以公司从白木屋被赶了出来。于是，井深又在东京的吉祥寺以及三鹰区租赁了工厂。因为事业扩大需要资金，昭和二十一年八月将资本金增至60万日元，其中依然有野村的大部分资助。同年，日本进行了新旧日元兑换，为了积攒新日元,井深同大家一起开发了许许多多的新产品。

其中,就有将两张美浓纸(译者注:手工制作的厚而结实的日本纸,因原产于岐阜县美浓而得名)黏在格子状的细镍铬合金丝两面,再加上软电线,制成的"电热垫",这算是有些偷工减料嫌疑的产品。这件产品最初被冠以东京通信公司的名字出售,对此井深于心不安,于是改以"银座nessulu商店"的名字出售。当时正值入冬时期,加上商品价格亲民,电热垫每次刚刚生产出来就销售一空。然而当时日本早晚电压不同,白天加热的垫子到晚上就会在强电压下被烤焦,因此投诉不断。因为严重的话有可能引起火灾,所以井深一直惦记着高电压问题,甚至晚上连觉都睡不好。

### 将各地的员工集中在一起

虽说曾有过这样的尴尬事件,东京通信工业还是渐渐发展起来了。然而,这次公司又不得不从三鹰的厂址搬走。井深和盛田忙于寻找新厂址,"我们两个经常说,'如果能找到可以让公司所有人一起工作的场所就好了'。"除了四处奔走寻找厂址,当时井深和盛田还有许多其他的任务。好不容易筹钱弄到了一台小货车,可公司只有井深和盛田两人有驾驶执照。因此两个人不仅要作为经营者办理公司事务,还要到黑市上去采购材料和工具，负责商品的装卸货和运输、配送。

1946年（昭和二十一年）年末，井深二人找到了位于品川御殿山的一处废弃的破旧工厂，终于把分布在各地的员工们集中在了一处。现在依然能够看到保存下来的以索尼冠名的建筑3号馆，在两条道路中间立着一块纪念碑，这块纪念碑是为了纪念索尼公司在日本桥后的第二个创业地址而造，它就位于存在了很长时间的公司旧址处。[13]

昭和二十二年正月，东京通信工业的两个工厂以及办事处就都集中到了御殿山。这座工厂非常破旧，地板嘎吱嘎吱地响，木板做的屋顶布满了缝隙。每当下雨时，在屋内也要撑着伞。井深说，"即使这样，大家也为聚集在一处，接下来可以一起工作而感到高兴。"[14] 因为，"对追求技术发展而感到激动、肩负着社会使命的人们真正地凭着人格的认同聚集在了一起，秉持着合作精神，尽情地发挥着技术和能力"，这正是东京通信工业创立宗旨中提到的理想，终于在御殿山得到了实现。"令人身心愉悦的理想工厂"的建设，就从御殿山开始了。

在工厂角落里的八张榻榻米大小的夜班室中，每个月都会召开负责人会议。每次开完会后在榻榻米上吃小笼屉荞麦面成了惯例。不仅是像总经理前田、顾问万代、顾问田岛、监察人村濑这样的大领导，有时三井银行总经理佐藤喜一郎也会参加。

盛田昭夫（时任常务，26岁）和井深大（时任专务，39岁）1947年5月

搬到御殿山的1947年（昭和二十二年）夏天，于工厂前。左三为井深大、左四为盛田昭夫

这些"大家",一边吃着荞麦面一边听着井深和盛田讲话的内容。前田等人,大概已经将战后日本的未来寄托在井深和盛田的身上了。后来,井深和盛田完美地回应了这种期待,东京通信工业以及索尼公司日后的发展印证了这点。

---

**注释:**

1  井深大[2010],《我的朋友本田宗一郎》(Goma书房新社)203页。初次出版为1991年,Goma书房刊。

2  *Family* 故创立者井深大·最高顾问追悼特别版(1998年4月、索尼公司发行)33页。樋口晃对井深大的追忆。

3  盛田昭夫[2012],《【新版】MADE IN JAPAN——我们的体验型国际战略》(PHP研究所)75页。另外,因为停战后不久,井深曾于早稻田大学任教。在这篇报道中以原早稻田大学理工科讲师的身份被介绍。

4  同上书,76页。

5  同上书,77页。

6  同上。

7  同上书,78页。

8  杂志《经济界》(1983年4月26日刊)中的盛田的采访"正因为不同寻常,索尼才得以成长"。http://net.keizaikai.co.jp/archives/7054。

9  后来,田岛于1948(昭和二十三年)年6月被芦田均首相任命为官内府长官（首任宫内厅长官）。田岛在职5年，为战后的皇室改革做出很大贡献。卸任后，先后任东京通信工业监察人、董事会长、顾问。

10  前述《【新版】MADE IN JAPAN》117页。

11  索尼广告部 [2001]，《索尼自述》（WAC）27页。另，在本书末尾处标有"本作品于1998年3月由WAC出版发行"，次为再版，但内容大致相同。

12  前述Family故创立者井深大·最高顾问追悼特别版59—60页。索尼社葬中的友人代表小山五郎的悼词。曾任三井银行、日本樱花银行行长的小山五郎于1976—1998年任索尼社外顾问。

13  以上东京通信工业成立时间参考井深大 [2012]，《井深大自由豁达且身心愉悦——我的简历》（日经商业人文库）53—66页。

14  同上书，65页。

# V 在井深领导下索尼的创新

## 许许多多让人焦头烂额的艰难项目

前几章我们关注于井深的成长历程,即井深思想的起点,并追寻了它的形成轨迹。从这一章开始,我们将聚焦于东京通信工业成立后井深的成长道路,向大家介绍带着种种代表性创新产品走向世界的索尼。

半导体收音机、索尼单枪三束彩色电视等,都是索尼在井深和盛田的领导下献给世界的广为人知的创新产品。尤其是1946年(昭和二十一年)东京通信工业成立后,井深居然在10年之内成功研制了日本首个"G型"磁带录音机、日本首个"TR-55"半导体收音机这样名垂于东京通信工业和索尼公司历史的产品,使索尼公司名扬海外。之所以这样一次次地挑战"不可能的任务",如之前所述,是因为井深一直认为自己的人生只有50年。1958年(昭和三十三年),井深50岁,他又再次认为自己的人生只剩下12年,因此又赶忙继续磁带录音机、磁带、半导体收音机的开发。正因为这种"焦急"以及强烈的成功的信念,这些艰难任务才得以完成。就这样,井深很快使东京通信工业和索尼名扬海外。

## 1. 磁带录音机

### 作为经营者的重要抉择

成立了东京通信工业的井深和盛田,对开发什么样的产品展开了多次讨论。收音机接收器曾经被列入备选,但遭到了井深的强烈反对。理由是,任何厂家都可以制造收音机,这样有悖于东京通信工业创立宗旨中提到的"生产领先于时代的具有独创性的新产品"这一原则。但是,东京通信工业毕竟是刚刚成立的新企业,很需要资金。于是,井深开始了大公司不屑一顾的收音机维修零部件的生产。"虽然这和想象中的创新事业有着很大的距离,井深却很清楚公司在做什么[1]"。井深依然没有放弃理想,但他作为一个经营者,做出了一个现实的抉择。

即使没有公司涉及已有商品维修零部件的制造,这样的工作也绝不是井深所追求的。他依然时刻惦记着开发日本不存在的新产品。其实,在他的心里偷偷藏着一个构想——钢丝录音机。钢丝录音机是指使用了钢丝的录音机,德国已经将它研制出来了，战时日本东北大学也在这项技术方面取得了很大进展。构思着钢丝录音机的井深，就铜线的制造问题与住友金属进行了沟通。但是最终对方没有同意这一请求，这个构想化为泡影。但这对于东京通信工业来说，反而是一件好事。因为钢丝录音机的构想，与东京通信工业第一个发明——磁带录音机的开发密切相关。[2]

当时，东京通信工业通过井深在早稻田第一高等学院读书时期的友人——岛茂雄，进行着与NHK（译者注：日本放送协会，是日本第一家根据《放送法》而成立的大众传播机构）的业务往来，负责生产和交付节目播出时用的混音装置。交付产品那天，井深在NHK的一间办公室里发现了一台美国制造的磁带录音机。井深第一次看到这样的产品，并且当时他确信，"就是它。我们就要做这个"[3]。就是在那时，井深决定开发日本第一台磁带录音机，那是1949年（昭和二十四年）。

实际上，磁带录音机有着钢丝录音机没有的优点。通过钢丝录音机录的音无法编辑，如果想要对其中某一部分进行修改，那么必须将其他部分一同重新录制，这是一个非常大的工程。与之相对，因为磁带的接合简单，对录音进行编辑就非常容易。井深的直觉是正确的。

然而，井深这样的决定也在考验着他作为经营者的能力。

在井深为了开发新产品做着种种尝试的时候,员工们尤其是财务部门产生了一些懈怠情绪。当时东京通信工业共有员工45人,三分之一都是大学生,用井深的话来说就是"秀才的脑袋用不上"。井深之所以考虑各种新产品,就是要为这些优秀的员工寻找合适的工作,然而员工们却不知道这些。井深也注意到自己的信誉在员工中出了问题,他必须赢得员工们的信任。

为磁带录音机的制作感到高兴的井深坚信,这就是东京通信工业最合适的出路,于是他开始尝试说服员工。他拜托了当时负责管理NHK的驻军(译者注:第二次世界大战后进驻日本的联合国军队),向他们借来了磁带录音机并展示给东京通信工业的员工。看过了磁带录音机的员工们,也开始认为这就是适合本公司的产品。但是,财务部门,尤其是盛田的父亲安排的监督公司财务的会计,认为这次的项目投入太高,还不见得取得成功而面露难色。于是井深和盛田开始了对会计的说服。他们将他带到一家小饭馆,拿出当时稀有的啤酒好好地款待了他。井深和盛田一边大快朵颐,一边对会计开展了猛烈的攻势,跟会计讲着磁带录音机的长处,并表示磁带录音机会掀起业界革命,必须尽早开发,如果开发成功,那么公司的发展将不可小觑,等等。

这番说服终于有了效果。因为他们的诚意和款待,会计当

场就同意了他们的策划。后来,井深这样阐述在尝试新事物前说服别人的重要性:

我自认为我的做法是"说服工程学",只要想到一个好想法,一定要做到让自己满意,也一定要努力说服上司同意自己。如果上司不明白我的想法,即使发生争吵也要讲清楚,如果不努力到最后的话,是无法达到目的的。只是一定要拿出想法以外的东西,如果仅仅凭自己的一个想法就主张独创性、创新性的话,是没有说服力的。[4]

**硬件和媒体**

然而,开始于1949年(昭和二十四年)的磁带录音机的开发却陷入了困境,问题出在磁带上。井深等人起初打算同时制作录音机和磁带,购买录音机的顾客当然也要购买磁带,如果只制造录音机的话,生意做起来就没有太多利益可图。早在这时,井深就已经想到了"硬件与媒体"这种先进的商业模式。

因为已经事先了解了钢丝录音机,井深对磁带录音机的机械构造和电路系统的开发很有自信,可对磁带的制造方法却一窍不通。并且在全日本,都没有一个精通磁带相关知识的人,也没有进口过磁带这种东西,大家只能从零开始自主研发。

磁带的材料是第一个难题。当时还没有塑料，大家试验了玻璃纸等各种材料，在材料的选择上下了一番功夫，最终选择了又薄又结实且平滑的牛皮纸。接下来，还需要寻找能够涂在牛皮纸上的磁性材料。当时被选为开发组长的是刚刚入职第二年的木原信敏。起初木原对该使用什么样的材料一点想法都没有。在对各种材料进行试验后，在一次试验失误中，发现加热后变成氧化亚铁的草酸亚铁很适合作为涂层材料。木原走遍东京市内的药品批发商，终于找到了出售草酸亚铁的商家，购买了两瓶后，在公司通过平底锅加热得到了氧化亚铁。接下来就需要将它与透明喷漆混合在一起，涂在上等的牛皮纸上。这项工作同样很有难度，木原等人试用了喷枪等方法，甚至还开创了用狸猫腹部的毛制作而成的笔来手动涂抹的方法。最后采用的方法，是将带有磁性的粉末溶解再印刷在牛皮纸上。

用这种方法做出的磁带录音机，不出意外，音质不是很高，录下的声音就连"喂，您好"这样的句子都听不清。尽管如此，这个由自己公司从零开始研发的日本首台使用了上等牛皮纸的磁带录音机，还是非常让大家骄傲。井深这样回忆当时心中的激动之情。

在付出了很多心血之后，终于有了成果。这是以木原研究员为首的员工日日夜夜持续研究的成果。正因为付出了这么多

在工厂视察的井深大（42岁）与盛田昭夫（29岁）。1950年

心血，在期待的声音出现的那一刻，大家牵着手喜极而泣。[5]

磁带录音机同时提供硬件和媒体的模式，成为以后索尼公司商业模式的原型。因此，井深后来将"把磁带录音机和磁带一同作为商品出售的厂家仅此一家"当作"索尼公司最值得骄傲的事"。[6]

**创新与市场营销**

1950年（昭和二十五年）7月，日本首台"G型"磁带录音机完成生产。它的开发，让井深实实在在地感受到东京通信工业创立宗旨中的那段话:"认真严谨的工程师们在人格上相互认同、秉持着坚定的协作精神,处在一种可以尽情发挥技术与能力的环境下的话,即使这样的人很少、硬件条件缺乏,在这种环境下的工作也会是非常令人享受的过程,其成果也会非常丰硕。""G型"的成功,给了井深巨大的自信:只要去做就会成功。从某种意义上来讲,磁带录音机的开发,在索尼公司历史上是划时代的大事件。后来,井深说道:"我深刻地体会到了新产品开发的艰难,以及一旦取得成功后它所带来的强大力量。"[7] 在"G型"取得成功的同时,井深就任董事会主席,成为东京通信工业实实在在的头号人物。

然而,这并不意味着可以沉浸于开发出"G型"的满足中。在大学毕业的上班族月薪只有不到1万日元的时期,"G型"不仅售价高达16万日元,并且其重量也有35千克,这使它的销售状况不容乐观。通过前田多门的介绍,有一些被最高法院买去用于速记工作,有一些则被政府机关采购回去使用。但这远远达不到井深等人所期待的"广泛普及"的程度。于是井深吩咐木原:"'G型'又大又重,麻烦你开发一个小皮箱大小的出来。"[8] 得到这个命令后,木原花了好几个日夜设计图纸,画出了新的模型。看过模型的井深非常高兴,将公司的主要设计专家集合到热海(译者注:位于日本本州岛东南伊豆半岛东岸

日本首台磁带录音机——"G型"。1950年

于公司总部召开"G型"磁带录音机发布会。于新建成的山上工厂前。
1950年5月　42岁

的城市，属地处东京和大阪正中间的静冈县）的旅馆，讨论起这个新款的设计与生产，打算动用全公司的力量来打造新的改良商品。这就是后来被人一直提起的"热海闭关"。第二年，与"G型"相比个头较小的"H型"诞生了。这就是井深的强大意志与行动力结合的结果。

小个头的"H型"价格为8万日元，是"G型"价格的一半，所以购买的顾客多了起来。然而，作为前所未有的产品，如果磁带录音机的用途不为人所知的话，也不会有很大的销量。于是，公司准备了"录音车"，在全国范围内的学校开展"视觉与听觉教育重要性"的宣讲，普及了磁带录音机的用途。通过这一次的营销手段，教育市场被瞬间打开。

领导了这场营销的，就是盛田昭夫。井深负责产品创新，之后的市场推广则由盛田负责。两人成为取得胜利的完美组合。并且，"将创新与营销联动起来"的索尼模式也建立了起来。

## 2. 半导体收音机与SONY

**和半导体的相遇**

井深与盛田很早就考虑到了东京通信工业开拓海外市场的必要性。在磁带录音机事业开展得如火如荼之时，井深于

1952年（昭和二十七年）前往美国，对磁带录音机的利用方式开展了实地调查。虽然井深几乎不会讲英文，但他视察了许多地方。对磁带录音机在美国基本只应用于语言教学这一点，井深感到非常失望，但这次调查也取得了很大的成果。那就是井深得知了由美国贝尔实验室开发的半导体的存在，以及它的特许权正打算转让的消息。

井深认为，半导体是象征着科学技术领域划时代进步的一大发明，并十分看重这一发明。然而那时，他的心中没有一个具体的想法，并不知道能用半导体来做什么。但半导体的开发，对于东京通信工业120名拥有天才大脑的工程师们来说，无疑是一个合适的工作。

美国西电公司认为，当时的半导体频率很低，就算是在民用领域，大概也只能应用于助听器。当时日本的各大公司也都是使用真空管来制造收音机，用于收音机的半导体更是不存在。但是，井深和盛田对需求有限的助听器市场并不感兴趣，他们只想做谁都可以使用的、受众更加广泛的产品。于是，井深将东京通信工业的研究员和工程师们动员起来，开始了收音机专用高频半导体的开发。

1953年，盛田专程飞往美国，同美国西电公司签订协议。当时，盛田同样是在几乎不会讲英文的情况下前往美国。盛田

被初次造访的美国这块土地震撼了。关于当时的情况,盛田这样回忆道:

然而,我被这个初次造访的国家的整体水平深深地折服了。一切事物都很大、很远、很广阔、很多样。在这样的国家售卖我们的商品,简直是天方夜谭。我在那里,只有不断地、不断地被折服。这样一个发展势头良好的国家好像无所不有。[9]

半导体的商业化搁浅了,反对的声音来自通商产业省(译者注:日本的国家行政机关之一,处理有关通商、商矿工业、计量、资源、中小企业振兴等事务。简称为"通产省")。当时日本的外汇管理十分严格,如果要将25000美元(折合当时的900万日元)的特许使用费汇往美国,还需要通产省的批准。当时的日本,正处于战后的急速成长阶段,外币存储量不足,通产省的职员中也没有懂得半导体的人。他们认为,被称为"东通工"的、连真空管都没有生产过的小企业,是肯定做不成使用新技术的大生意的。因此他们迟迟不肯批准特许使用费的境外汇款。通过井深无数次地向他们解释说明,6个月后,终于得到了汇款批准。

**向着未知的挑战**

1953年（昭和二十八年），成立仅仅7年的东京通信工业与美国西电签订了合约。虽然磁带录音机的成功使公司的名字为人所知，但是东京通信工业依然是一个区域级别的小工厂。尽管在资金上并不富裕，公司还是向美国西电公司支付了特许使用费，得到了制造半导体的许可。但在制作方面，大家一无所知。因此，只能靠大家自己的力量来开发制造半导体的设备。井深和盛田的弟弟岩间和夫一起再次赴美，在西电公司的工厂参观学习。当他们说到在考虑应用到收音机上时，西电公司却劝告他们尽量放弃这个想法，因为供收音机使用的高频半导体的成品率很低，没有什么商业价值。一直认为美国使用低频半导体制作的助听器生意没有前景的井深，抱着"无论如何也要把半导体做出名堂来"[10]的坚定信念，回到了日本。井深这样回忆当时的情况：现在想想，幸亏当时我不清楚半导体这个东西是个多大的难题！[11]

井深的判断并不是通过理论上的分析，而是通过他的直观感受。回到日本后，井深以岩间为首，将公司里最充满创造力的员工集中在一起，成立了半导体部。结果证明，西电公司的忠告不无道理。用于收音机的半导体制造，简直"艰难得似乎不可能完成"。井深也多次反省自己涉及半导体领域的行为，或许是一个巨大的失败。但井深并没有气馁,他振奋精神,改变了想法:"正是因为有难度,才有钻研的价值!"

支撑井深的,并不是半导体的相关知识,而是"想要更多的人知道半导体的价值"这一强烈的目标。

"好奇心创造了索尼产品"这一说法是错误的……是因为有着强烈的目标。为了达到这一目标,才会不得不发挥自己的独创性和创造性。[12]

后来,井深一直将自己称为门外汉。[13]考虑到井深优秀工程师的背景,这可以说是很不可思议的自我评价了。这是因为,井深想要达到目标的信念非常强烈,为了实现最终的目标,就算使用一些看起来很不专业的方法,他也会把能做到的事情全部做到。

就这样,在付出了许多心血之后,首台半导体收音机"TR-55"终于在1955年(昭和三十年)完成了,然而其成品率只有5%。即使这样,井深也毅然决然地要将其商品化。就像井深本人所说,这是一个"正常的企业家"不可能做出的"糟糕的计划"。但在井深心里,一直打算着无论如何都要"将成品率提高"。实际上,这个"糟糕的计划"正是使以索尼公司为首的日本电子产业走向世界的"珍贵的鲁莽之举"。

如果当时的决定是等到美国做出成品后,或者先观察一下

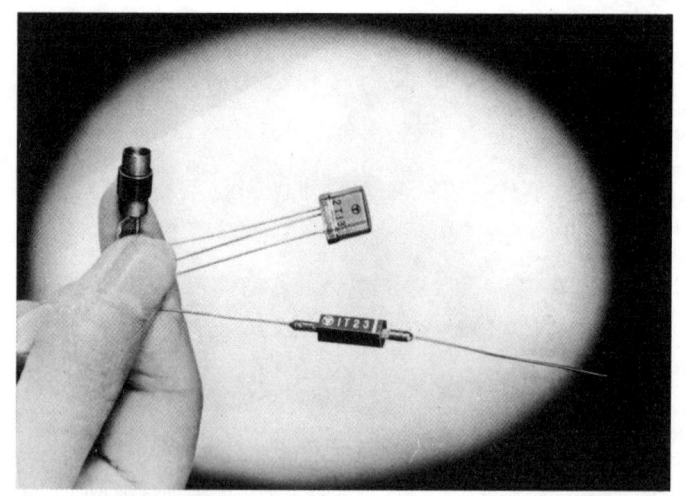

东京通信工业制造的半导体和二极管

日本首台半导体收音机——"TR-55"。1955 年

欧洲的情况再采取行动的话,那么日本就很可能不会成为年出口500亿日元的半导体大国,现在的索尼公司也就不会存在。因此我认为,这一次的鲁莽之举,绝对是一次"珍贵的鲁莽"。[14]

不假思索、说做就做的挑战——这让以索尼为首的日本电子产业厂家走向世界成为可能。当今各大企业富有条理性、细致性的分析能力,已经远超当时以东京通信工业为首的企业。但是,在创新领域的一个重要的要素——"鲁莽",在当今的企业中正在慢慢消失。抛弃了"鲁莽"和对常规的挑战的现在的管理层,存在着很大的问题。创新,就是"鲁莽"地挑战、就是对常规的挑战——这一点绝对不可以忘记。

半导体收音机的成功,极大地提高了东京通信工业的知名度,许多年轻且优秀的工程师们聚集于此。其中,就有因发明了江崎二极管而获得诺贝尔物理学奖的江崎玲于奈。1956年入职的江崎,这样形容当时东京通信工业的模样:

我来东京通信工业时这里共有500个员工,是一个正在发展中的公司。整个公司好似一间充满着创造活力的技术实验室。如果让我用一个词来概括当时东通工的氛围,我想是"有组织的混沌状态"(organized chaos)。从微观上讲,工程师们都在以一种自由奔放的状态工作,显得没有章法,然而从宏观上来讲，大家的目标明确，并保持着良好的工作秩序。[15]

江崎的话，表示在1956年公司成立10年之际，东京通信工业创立宗旨中所提倡的，建设"在人格上相互认同、秉持着坚定的协作精神，可以尽情发挥技术与能力""自由豁达且令人身心愉悦"的理想工厂的目标，终于实现了。

## 成长为SONY

因为最开始的半导体收音机价格昂贵，所以海外为主要市场。而且实际上，就在当时——公司成立第9年之时，索尼开始了它的国际公司之路。

在新生产的小型收音机上，索尼的商标闪闪发光。之前使用的是将东京通信工业的开头字母"T"放在倒三角形中的商标图案，但因为拓展外国市场的需要，大家开始考虑对东京通信工业这个外国人难以发音的名字进行更改。从美国归来的盛田提出了新的提案。[16]

井深和盛田都希望新的商标也同产品一样具有创新性，并且还要是夺人眼球的、简短并可以用字母表示、不管在哪个国家发音都没有很大差别的名字。

两个人开始拼命从字典里寻找提示。首先，因为公司做的是与声音有关的生意,所以两人对意为"声"的拉丁语"sonus"非常感兴趣。并且当时在日本"sonny"、形容可爱的小男孩的"sonny boy"这样的词非常流行。井深和盛田两个人非常喜欢这个表示着阳光、乐观的词,并且也很符合公司的形象。于是,将"sonus"和"sonny"结合在一起的"Sonny"就诞生了。为了避免日本人在发音时发成类似"松尼",最后决定去掉一个"n",将新商标定为了"Sony"。

最初,"Sony"仅仅作为商标使用。在TR-55的四角上,就印有设计成闪电形状的字母S的索尼标志。但是,后来盛田提出,在美国已经流行将公司和品牌名称直接印在商品上,于是以后的商品上开始直接使用SONY四个字母。后来,索尼开始作为公司名称使用,1958年(昭和三十三年),东京通信工业正式更名为索尼公司。那一年,井深50岁。认为身为早产儿的自己人生并不会很长的井深,一直将这一年作为一个目标来生活。关于公司名称变更的问题,公司内部出现了反对和不满的声音,但对此井深表示并不介意,"更改之前或者更改之后短时间内会有异议,但是只要过一段时间就不会有问题了。(此处有删减)毕竟改成SONY的话,任何一个外国人都可以念出我们的名字"。[17]

在世界首台直视型便携半导体电视——"TV8-301"的发布会上。
1959年12月　51岁

正在开会的井深大和盛田昭夫。1961年

## 对毫无独创性的日本企业充满失望

TR-55的销路不错,但因为成品率低的原因,销售规模无法扩大。于是井深和大家开始研究如何缩小半导体收音机的体积,目标是小型收音机,以及可以放进上衣口袋的迷你收音机。日本人一直很喜欢小小的、精致的物品,也同样擅长制造这样的物品。当时,音乐家们一心追求纯粹的、最可以还原原声的声音,常常会使用笨重易发热,并且使用寿命不长的真空管。井深等人认为,只要用半导体来替代真空管,就可以大大缩小商品的体积。负责营销的盛田强调,产品要追求的不仅是"便携式",而且还要做到"口袋式"。在这样的要求之下,TR-63——世界上首个可以放进口袋的便携式收音机诞生了。TR-63完成了收音机从"家庭收音机"到"私人收音机"的巨大转变,在全世界范围内掀起了热潮。

但是,当时国内其他电子产业公司并没有默默地看着索尼的成功。一年半到两年间,各个厂家也开始了半导体收音机的制造和售卖,这使日本迅速成为世界最大的半导体生产国。与此同时,廉价出售、价格竞争的现象开始出现,收音机的价格开始下跌。井深对此叹息道:

自己的公司不努力开拓市场,而是去其他公司辛辛苦苦打开的市场中扰乱秩序,除了影响市场价格,没有其他能力。我见过了太多这样典型的日本经商法,厌烦透顶。[18]

井深并不是在否定竞争。正因为有了竞争,企业才会有紧迫感、行业变革才会发生。也只有产生竞争,市场才会变大,因此要鼓励竞争。井深否定的是模仿他人的竞争,也就是"同质化竞争"。

当时,在日本发生了一场很有趣的讨论——"小白鼠索尼争论"。这场讨论开始于1958年(昭和三十三年)大宅壮一发表在《周刊朝日》上的报道《索尼成了小白鼠》。文中这样写道:

索尼是最先在半导体领域制造产品的公司,但现在T公司变成了巨头,产值近乎索尼的2.5倍。索尼公司不知不觉地就成了T公司的"小白鼠"。

这则新闻一出,索尼公司"实在无法忍受",表达了强烈的抗议,但井深的反应却有些不同。

在我们电子业界,经常要面对如何把一件新事物做成产品这一巨大课题,紧随着新事物的发展潮流,是我们理所应当做的事情。"按照一成不变的方法做一成不变的事,就等于落后于时代"这样的想法,已经被日本忘记了。(此处有删减)半导体的更多用途就隐藏在我们身边,新的用途不是还有很多吗?我们可以在这些用途中开发出其中一项,并把它商品化。如果这个行为是"小白鼠精神"的话,那大家就会认为"小白鼠精神还是不错的"。[19]

如井深的话中表明的那样,对待执意采取同质化竞争方式的厂家,索尼的战略只有一个,那就是在半导体收音机领域开发出更多新产品,以此摆脱陷入价格竞争的窘境。半导体收音机领域无止境的创新挑战,也有助于索尼屹立于新的竞争的前端——半导体电视机领域。

## 3. 索尼单枪三束彩色电视

### 索尼最大的创新

在半导体收音机领域的成功,给予了井深珍贵的"实践知"——在实践中得到的富有价值的知识。那就是"只要想做,就什么都可以实现"。

"半导体这个艰难的项目我们一定要攻克下来""只要想做就什么都可以实现"这样的信念,(此处有删减)保持着去挑战艰难险阻、去攻克难题的欲望……整个公司都洋溢着这样坚定的信念,这对我想做的事情有着很大的促进作用,它帮助我实现理想。[20]

这样的"实践知",也被井深发挥在了单枪三束彩色电视的开发中。1968年(昭和四十三年)索尼公司开发的单枪三束彩电以前所未有的明亮度、清晰度震惊了世界。这是井深在索尼时的一大发明创造。1973年,在与奥斯卡金像奖齐名的电视界的艾美奖上,索尼公司以其发明——单枪三束彩色电视获奖。这个奖项,可以说是日本企业到现在为止在世界上获得的最高评价。然而,获得这样高评价背后的过程,要比磁带录音机、半导体收音机的时期更加艰辛。

## 公司的存亡危机

日本彩色电视节目的播出是在1960年(昭和三十五年)。次年,索尼开始了彩色电视的开发。在单枪三束彩色电视的开发过程中,井深一直担任着项目指挥者的角色。当时在彩电界领先世界的是美国公司RCA开发的遮屏式显像管。早在1949

年问世的这一技术成为当时的世界水准。但井深完全没有采用这项技术的想法。最初使用遮屏式显像管的彩电亮度很低，如果不拉上屋子里的窗帘，根本无法呈现明显的色彩。于是井深在开发工程师们的会议上通俗易懂地阐明了此次开发的目的："我们要开发出可以供人们边吃饭边看的电视来。"[21]

1961年，造访美国的盛田和在磁带录音机的开发中扮演重要角色的木原，在一个展会上见到了单枪三束方式的彩电。只使用了1支电子枪的单枪三束彩电的亮度，是使用红、蓝、绿3支电子枪的遮屏式显像管彩电的5到6倍。彩色电视机的原理，是由电子枪发射出红、蓝、绿三原色组成的电子激光，打到被仔细涂在屏幕的荧光体上后显示出不同的色彩。得到木原报告的井深，对单枪三束彩电的明亮度非常认可。他在单枪三束技术中，看到了他"开发出可以供人们边吃饭边看的电视"的愿景实现的可能性。于是，索尼公司于同年12月与持有该技术知识产权的派拉蒙公司签订技术引进合约，开始了单枪三束彩电的开发。

然而这只是一个操劳阶段的开始。虽然在理论上单枪三束显像管比遮屏式显像管画面更加明亮，实际操作起来却很难，这是因为遮屏式显像管是当时的主流。因开发的艰难而被戏称为"艰苦显像管"（译者注：在日语中单枪三束彩电使用的电子显像管的前半部分发音很像"艰苦"的发音）的该项目，最终居然实现了商品化，1964年（昭和三十九年），索尼公司发布了19型单枪三束电视。但因为成品率较低，在1965年5月才得以投放市场。并且虽然成功实现了商品化，但因为技术难度很大，生产率非常低。19型单枪三束电视的市场价为19.8万日元，成本却高达45万日元至50万日元。也就是说，越是卖的多、生产得多，公司越是亏本。结果，单枪三束电视只生产了1.3万台就宣告停产。并且与半导体收音机相反，单枪三束电视的市场只限于国内而已。

单枪三束技术的开发以巨大的失败宣告结束，一度还有井深会辞职的传言。因为大家认为，筹集到那么多投资的公司居然开发失败，那么公司老板一定要负很大责任。公司的财务状况陷入窘境，公司上下弥漫着一种阴沉的气氛。一直以强烈的目的意识领导着大家完成磁带录音机、半导体收音机等"离谱的项目"的井深，此时作为一个经营者正面临着巨大的危机。

当时井深与一起生活了30年的妻子势喜子的婚姻正式结束，并同淑子结婚——井深的私生活也迎来了巨变。淑子是井深的远亲，她的祖母是井深祖父的再婚对象。对于处在单枪三束技术开发艰难阶段的井深来说，与新任妻子的生活给予了他心灵上很大的慰藉。井深曾写道："也许是因为从小自己长大的原因吧,贪恋家庭的温馨与温暖的我,就算在外面工作得身心俱疲后一脸不高兴地回到家,也会被妻子温柔地包容。"[22]新的家庭,成为他力量的源泉。

**赌上井深人生的索尼单枪三束彩色电视**

井深亲自上阵指挥整个项目,这是他赌上自己命运的一场硬仗。对于井深来说,除了单枪三束技术,并没有其他的选项。因为如果索尼不再做只有索尼能够做到的事情的话,那么这无疑是整个公司的终结。1966年(昭和四十一年),索尼得知美国通用公司开发出了名为Porta color的新式彩电技术。Porta color技术最新颖的一点,就是将遮屏式显像管中在正三角形的顶点处配置的三支电子枪进行水平排列。但水平排列的一个缺点,就是无法适应显像管的大小。于是,开发团队的工程师们想到了一个颠覆传统方式的想法——使一支电子枪发射出红、蓝、绿三种激光。不抱着任何期待地试验了一下却发现,结果出乎意料地很好。井深看了结果后也马上说"这个不错",当场取代单枪三束方式,对此技术进行开发。这个决定并不是根据严谨的专业知识——"形式知"来决定的,而是根据井深的直观判断,也就是说根据"暗默知"来做的决定。

索尼单枪三束彩电样机于1967年10月完成。接入电源后,在场的所有人都一言不发地盯着它，被其美丽的颜色、明亮的画面深深地吸引了。井深在向大家道"辛苦了"之后，激动地说不出话来。井深将赌上自身未来，经历了千辛万苦而得到的杰作命名为"特丽珑"。这个名字是基督教"三位一体"（圣父、圣子、圣灵合为一体）思想和电子一词的结合。井深将自己基督教徒的身份，体现在了新产品的名字中。他将自己的人生寄托在了这个项目上。后来井深回忆道，根据"直觉"做出的判断也有过失败。然而，正因为有了失败，才有了"特丽珑"的成功。[23]

1968年（昭和四十三年）4月，在刚刚使用不久的索尼大厦中，举行了特丽珑单枪三束彩色电视的发布会，在会上准备了10台样机。虽然产品的量产还没有着落，井深依然在会上宣布了10月发售的消息。这一发言可以说是爆炸性消息，最吃惊的是对商品的开售日期一无所知的生产一线。这是因为，虽然生产技术已经确定，但要想保持良好的成品率进行量产，还有很多需要解决的问题。其实，当向公众发布10月发售的消息时，井深的心里还没有周密的计划。"如果提前想好计划的话，就会被它束缚，反而无法尽情地发挥创意。而且就算一切顺利，最终也不会超越计划的时间限制。"[24] 对持有这样想法的井深来说，计划这个东西本身就是无用的。他只是坚定一

个需要达成的目标,剩下的则需要依靠每个人在实践中的成长来实现。参与了索尼特丽珑单枪三束彩电开发制造的吉田进这样回忆道:

> 总之,井深从不将学校里教的方法论挂在嘴边。他通过一次又一次的实践经验教会我们,并让我们找到了自信:即使一个看起来不可能的任务,只要在创意上不断地下功夫,就一定会完成。同时,他也教会了我们,一个人的成长到底能够带来什么。[25]

最终,"KV-1310"索尼特丽珑单枪三束彩电如井深向大众承诺的那样,于1968年(昭和四十三年)10月正式发售,价格为11.8万日元,首批下线产量为5000台,但一年的时间销量居然达到了17万台。两年半后的1971年6月,井深将总经理的职位交给盛田昭夫,自己开始担任董事会会长。后于1976年1月任董事会名誉会长,开始慢慢退出索尼公司经营一线。这说明在井深看来,索尼特丽珑单枪三束彩色电视是索尼公司创新的集大成品。也许当时的井深想,自己的使命已然结束,是时候把重任交给下一代了。

在全世界的电视生产厂家中,索尼创造出了独有的电视产

于特丽珑索尼单枪三束彩色电视发布会现场。1968年 60岁

特丽珑索尼单枪三束彩色电视发售前的公司内部公开会。1968年

品,这一点,是井深一生的骄傲。

## 4. 之后的井深

**随身听**

20世纪70年代后期,虽然井深已经慢慢从经营一线退了下来,但他对索尼的影响还是很大。这影响不仅仅是他作为公司创立者给予大家的精神支持,还包括他对产品的影响。其代表为随身听的开发。[26]

1978年,时任董事会名誉会长的井深抱着立体声磁带录音机和标准尺寸的头戴式耳机来到了盛田的办公室,表示想一个人静静地听音乐,却不可能一整天都坐在录音机前,所以只好像这样抱着录音机和耳机走来走去,但是因为太重,所以还是无法实现这个愿望。这一想法启发了盛田。他想到了自己的孩子,当发现了年轻人的生活不能离开音乐这一事实后,盛田立刻开始行动去实现井深所提出的这个愿望。他找来工程师,拜托他们将索尼的单声道高性能小型卡带式录音机"Pressman"的录音线路和话筒拆除,以扩音器取而代之。然而这个主意并没有得到支持,大家认为没有人会去买一台没有录音功能的录音机。

但盛田并没有放弃。在试用与耳机一同寄到的样机时，盛田想将它商品化的念头越来越强烈。他通知销售部门立刻开始该产品的商品化，并告诉对这个项目毫无热情的大家，所有的责任都由他一人承担。正因为盛田的执着，受到井深启发的随身听这一想法才得以实现。

第一代随身听——"TPS-L2"

盛田对于这个商品一定会成功、一定不会让人后悔的坚持是正确的。随身听的开发，收获了比盛田所预料的更大的成功。

随身听的开发，是井深强烈的目标意识已然成为索尼公司创新的原动力的有力证据。"G型"磁带录音机、半导体收音机、索尼特丽珑单枪三束彩电也同样证明了这一点。为了不辜负井深的期待，索尼的员工们开始了他们的行动。人们被井深的那种让周围的人忍不住帮助他实现愿望的少年般纯粹的好奇心打动了。[27] 风靡全世界的随身听，也是从井深那想要轻而易举地听到音乐、时时刻刻沉浸于音乐中的纯粹的想法而来。盛田也说，不管当时自己做什么样的市场调查，都不会有像这样的点子出现。

随身听虽然使用了磁带录音机的技术,但它改变了人们享受音乐的方式,并开拓了"立体声耳机"市场。随身听的英文名称"Walkman"是一个完完全全的日式英语,起初盛田并不喜欢它。这个名称不仅在语法上是错误的,而且在美国和英国大家都将它以"sound about"或者"stow away"的名字出售,并没有收获很大的人气。相反,在非英语母语国家,这个名字却非常有人气。于是,盛田决定将名称统一为"Walkman"。如今,这个名称也被收录在世界最权威的英语词典《牛津英语词典》中。

### 文化勋章

1976年(昭和五十一年),时任董事会名誉会长的井深67岁。国家逐渐通过向井深颁发许许多多的勋章来表彰他的功绩。1978年,70岁的井深获得了勋一等瑞宝章(译者注:日本以在公共事务有功劳者、长年从事公务者、功绩受到推举者为授予对象的勋章,共有六个等级);1986年,78岁的井深获得了勋一等旭日大绶章;1989年,81岁的井深还被选为日本文化功劳者;1990年6月,井深卸任董事长成为创始人兼名誉会长。

两年后的1992年(平成四年),井深成为首位被授予文化

从勋一等大绶章的授予仪式结束后,第一时间向盛田昭夫、大贺典雄展示勋章。
1986年 78岁

勋章的企业家。在井深的授勋理由中,列举了日本首台磁带录音机的开发与普及、半导体的制造技术以及事实上是世界首次的半导体收音机的开发,并写道:"将曾经止步于模仿和改良的我国电子业,引导向开拓创新的新方向。"这就象征着,井深在东京通信工业创立宗旨中写到的公司建立目标——"在大企业为了扩大经营规模而无法顾及的方面加强技术创新和发展经营活动""在制品的选择上要精益求精,敢于直面技术上的困难,(此处有删减)制作出无法被超越的独创产品",得到了国家的认可。这不仅仅是井深一个人的功劳,而是像东京通信工业创立宗旨中所记载的那样,如果没有东京通信工业,以及聚集在索尼的所有人之间的"人与人的紧密结合",所有的事都是无法实现的。因此,盛田在井深获得文化勋章后的庆祝会中这样说道:

今天,1700多人聚集在了这里。能见到在之前同井深先生一起工作的前辈,还有索尼公司的前身——东京通信工业创建时期与井深先生共同打拼的大家,我感到非常荣幸。我想此时,比我还要高兴的是见到大家的井深先生。井深先生所获的文化勋章,既是前辈们共同的荣誉,也是全体索尼人的骄傲。[28]

井深这样讲述获得文化勋章后自己内心的骄傲与喜悦:

虽然听起来有些夸大其词,但我认为,索尼可以说通过将新产品带给世界,创造了一个全新的文化。而且,对于当今日本电子产业的进步和繁荣之景,我自认为尽了绵薄之力。[29]

在获得文化勋章的井深的心里,"在技术方面和生产方面对日本的复兴和文化发展,做出积极的贡献"这一东京通信工业创立宗旨中的公司目标,终于实现了。

**以开发人类的心灵与能力为目标**

1994年(平成六年)11月,井深的职务从创始人兼名誉会长变更为创始人兼首席顾问。3年前,也就是获得文化勋章前的1991年,关于自己以后人生的事业,井深这样说道:

> 我参与索尼的技术创新已有很长时间,对最近技术革新的速度刮目相看,深深感到这已经不是我可以插得上话的时代了。因此从今往后我打算做一些只有我自己才能做的工作。那就是开发人类的心灵与能力——也就是"育人"。[30]

井深对"育人"事业的关注,并不是在他退出索尼一线之后才开始的。在东京通信工业创立宗旨中,公司建立目的的最后就提到了"有意义的国民科学知识的启蒙行动"。1969年(昭和四十四年)井深成立了"财团法人幼儿启蒙协会",并亲自就任理事长。早在当时,井深就已经把从胎教到幼儿、中小学儿童的教育及其实践研究当作了自己的人生事业。

除了幼儿教育,井深的兴趣还涉及超能力、通过把脉就可以知道病因的中医脉诊、东方医学等非西方、非合理、非科学的领域,他十分沉浸其中。在索尼公司,因为井深本人兴趣的影响,设立了脉诊实验室、ESPER超能力实验室,等等。井深在这方面的关注,被认为是"因为老了"而出现的不符合科学家身份的举动。[31] 然而,在第二章中我们会详细讲到,这些关注并不是对西方、合理和科学知识体系的批判,而是来源于想要解决实际问题的井深的思考,是井深想要推进已有科学知识体系的体现。

1997年(平成九年)12月19日,井深去世于自己的家中,享年89岁。死后立刻被封为正三位,追授勋一等旭日桐花大绶章,这是民间人士所能获得的最高荣誉。政府给予井深这样高的评价,是想要激励泡沫经济崩溃后长期处于低迷状态的日本企业向井深学习。接下来在第二章中,我们将详细了解企业到底应该向井深学习什么。

---

**注释:**

1 盛田昭夫[2012],《【新版】MADE IN JAPAN——我们的体验型国际战略》(PHP研究所)83页以下记作《【新版】MADE IN JAPAN》。
2 开发磁带录音机的相关信息,参照井深大[2012],《井深大自由豁达且身心愉悦——我的简历》(日经商业人文库)70—73页、《【新版】MADE IN JAPAN》81—90页。

3 前述《井深大自由豁达且身心愉悦——我的简历》71页。以下记作《自由豁达且身心愉悦》。

4 Family 故创立者井深大・最高顾问追悼特别版（1998年4月、索尼公司发行）18页。创立45周年特别访谈。原出处为公司内部报刊《时代》1991年5月7日刊。

5 前述《自由豁达且身心愉悦》72页。

6 同上书，195页。1988年10月，于特丽珑索尼单枪三束彩色电视20周年庆典。

7 同上书，75页。

8 前述 Family 故创立者井深大・最高顾问追悼特别版34页。木原信敏"与井深先生的旅行回忆"。

9 前述《【新版】MADE IN JAPAN》101页。

10 前述《自由豁达且身心愉悦》77—78页。本章中与半导体商业化相关的信息均参照上述页码。

11 前述 Family 故创立者井深大・最高顾问追悼特别版18页。在公司成立40周年时，与时任会长的盛田昭夫之间的对话。原出处为Family 1986年5月刊。

12 同上书，18页。公司成立45周年特别访谈。原出处为公司内部报刊《时代》1991年5月7日刊。

13 井深大[2010]，《我的朋友本田宗一郎》(Goma书房新社)29页。初次出版为1991年、Goma书房刊。

14 前述《自由豁达且身心愉悦》81页。

15 前述 Family 故创立者井深大・最高顾问追悼特别版61页。1998年1月21日井深大的社葬上的江崎玲于奈的悼词。

16 以下关于更名为索尼的相关内容，参照前述《【新版】MADE IN JAPAN》106—107页。

17 前述《自由豁达且身心愉悦》177—178 页。1958 年 1 月于公司内部报刊座谈会的发言。

18 同上书，83 页。

19 关于"索尼·小白鼠争论"，参照 Family 故创立者井深大·最高顾问追悼特别版 39 页。井深的发言来自当时的广播节目。原出处为公司内部报刊《索尼新闻》1961 年 2 月刊。后来，大宅壮一承认当时是误将索尼称为"小白鼠"。井深在 1960 年获得蓝绶褒章时，作为纪念，公司员工们将一个小白鼠形象的摆件作为礼物送给了他。井深很喜欢这个礼物，并将它放在自己的办公桌上（见 195 页图）。现陈列于索尼博物馆。

20 前述《自由豁达且身心愉悦》189 页。1970 年 6 月在内部报刊中的关于艰辛的收音机用半导体开发过程的发言。

21 同上书，111 页。另，关于特丽珑索尼单枪三束彩色电视的开发的内容，参照前述《自由豁达且身心愉悦》106—126 页、森健二 [2016]，《索尼盛田昭夫——使"时代的才能"发挥到极致的领袖》（钻石社）175—198 页、前述 Family 故创立者井深大·最高顾问追悼特别版 51—52 页。

22 前述《自由豁达且身心愉悦》142—143 页。原出处为井深大 [1985]，《创造之旅》（佼成出版社）161—162 页。

23 前述《我的朋友本田宗一郎》129 页。

24 前述 Family 故创立者井深大·最高顾问追悼特别版 34 页。参与特丽珑索尼单枪三束彩色电视开发的吉田进所写的回忆井深的文章"特丽珑的开发教会我的"。

25 同上。

26 关于随身听的开发，参照《【新版】MADE IN JAPAN》120—125 页、Family 故创立者井深大·最高顾问追悼特别版 52 页。

27 前述 Family 故创立者井深大·最高顾问追悼特别版 20 页。题为"让井深的哲学永远灌溉索尼的土壤"的大贺典雄对井深的追悼文。

28 同上书，63 页。"'井深获得文化勋章庆祝会'上盛田的演讲"（1992 年 12 月 18 日）。

29 前述《自由豁达且身心愉悦》200 页。1992 年 11 月，写给文化勋章。

30 同上书，199 页。原出处为 1991 年 1 月公司内部报刊的新春寄语。

31 井深亮 [1998],《父亲井深大——作为经营者、作为教育者、作为家人》( Goma 书房 ) 148 页。

第二部　论考

**井深大的思想与哲学**
**井深大所谓的创新的本质**

# 序

井深坚决地拒绝了撰写经营类书籍的邀请。他的著作多与幼儿教育相关,很少谈及经营相关的话题。井深认为自己是一个不称职的经营者,"账目相关的麻烦的工作,都是盛田负责的"。[1] 也就是说井深没有任何关于自己的经营哲学的记录,也没有编写任何与经营相关的著作。然而,通过回顾井深留下的种种记录,体会其思想、品味其人生,也能够捕捉到井深作为企业家的某些品质和不断引发产业革新的经营哲学之本质。从井深身上,我们能够学习到对于创业与经营来说,到底什么是重要的。可以说,井深本身就是一本经营教科书。从他身上,我们要学习的还有很多很多。

从旧技术到新的数字技术,知识创造从只依靠"人",发展成为依靠"人"与"人工智能",来到了全新的时代。这和井深所生活的时代相比有了很大的变化。尽管如此,创新的本质、追求人类创新之心的井深及其思想,在今天依然有着很大的学习意义。在第二章,我们将通过探寻井深的思想特质,在引起创新变革的经营理念、如何领导创新企业等方面，分析井深身上值得学习之处。与日本政府授予井深勋一等旭日桐花大绶章时的意愿相违背，在井深去世后，日本并没有从井深的身上学习到应该学习的东西。在分析井深人生值得学习内容的过程中，也暗含着对于这一点的深刻反省。

# I 井深的思想特质

## 1. 比技术更重要的是人

### 不断追求人类的幸福

井深于第二次世界大战之后的废墟中创立了索尼的前身——东京通信工业，并将它培育为世界企业中的佼佼者。井深作为工程师、企业家、经营者享誉世界，声名远扬。然而与事业上的成功呈明显对比的，是他私人生活的失败。晚年时期，井深投身于教育领域，并且迷上了与"气"相关的内容，沉浸在非科学的世界里。能够解释存在于井深人生中的理性与非理性的矛盾的，正是他私人生活的失败。因为井深通过自己的人生，深切地体会到，人的一生无法全部用科学理性来解释，只靠科学理性的生活是过不下去的。

年少之时，井深作为早稻田大学理工学部的一名优秀的创新科技者崭露头角，被称为"天才发明家"，获得广泛关注。

在大学阶段发明了"动态霓虹灯",并在1937年(昭和十二年)参展于巴黎举行的万国博览会,获得了优秀发明奖。在专利局作为"天才发明家"而得到赏识,进入PCL公司工作,并受到优待,刚刚进入公司便参加了专家云集的技术会议。工程师井深的职业生涯前途无量。井深一生的事业伙伴盛田在初见井深时,也称他为"优秀的电子工程师",表述了在陆海军和民间工程师参加的科技研讨会上井深起到的作用。[2]

井深是一名公认的极为优秀的杰出工程师。但是,当井深身边的人们讲述井深其人魅力的时候,与他对技术的追求相比,更多的是强调他对人类幸福、对人类本身意义的追求。

井深先生伟大的地方,(此处有删减)在于他对人类幸福的不懈追求。

井深先生是一个让周围的人都想要帮他实现梦想的、永远保持着少年一样纯粹的好奇心的人。(大贺典雄)[3]

我认为,井深先生不仅仅有着身为伟大的索尼公司创立者的一面,还有着追求人类的无限可能和幸福的教育家先驱的一面。(此处有删减)回看井深一生的轨迹,他的一生都在追求着人类本身的意义。(此处有删减)井深先生身上那少年般的感性与纯粹,令所有人为之动容。(多湖辉)[4]

以工程师的身份开始自己事业的井深,毕生所追求的目标并不是技术,而是全人类的幸福。追求人类的幸福,可以说成为井深的人生意义之一。井深对人类自身的力量有着很大的信心,他尽自己所能,使人类自身的力量发挥作用。井深认为,用自己的强大力量,可以给人类带来幸福。在索尼创新精神之中,也蕴含着"最大限度激发人类自身潜能"的思想。这就是为什么,在东京通信工业的人才管理法则之中,"人格主义"与"实力主义"同等重要。

各自最大限度地激发自己的能力,不断打磨、不断进步。并且,别出心裁的灵感会使它更加出色、更加精彩。

作为开拓者,索尼要给予人类无限的启发和信任,将不断开发人的能力作为自己的使命。[5]

井深将开发人的心灵与能力,即"育人",作为"必须由自己来完成的事业"。[6]对于井深来说,"育人"也就是"培育真正的人"——这才是教育的本质。通过这一点,可以感受到独自一人抚养井深长大的母亲所做出的努力,以及井深从各位前辈身上受到的积极影响。

**对教育的看法**

将相信人的力量、不断将人本身的力量激发出来这件事作为第一要务的井深,在离开索尼一线之后,更加全身心地投入到教育中去。这一思想,实际上已经在东京通信工业创立宗旨中的公司成立目的的最后"国民科学知识的切实的启蒙活动"中有所体现。井深对于教育的想法,不仅仅是在他离开一线,有了充裕的时间之后才开始实践这么简单。实际上,这是井深一生的事业。

在索尼公司的盈利还没有现在这样可观的时候,就已经将其收入的一部分用来设立"索尼小学科学教育振兴基金"(现"索尼儿童科学教育计划",以小学生及中学生为对象),以支持在科学教育方面出色的小学,同时用于"幼儿启蒙"等。井深与有着40多年交情的本田宗一郎共同发起的童子军活动,也是人才培养计划的一部分。

每年,索尼员工的孩子都会得到公司的礼物——一个书包。这一传统开始于1959年(昭和三十四年),虽说当时经济已经开始恢复,但百姓的生活依然非常艰苦。在那样艰苦的时期,井深依然想方设法给孩子们准备价格昂贵的书包,于是这项传统就坚持了下来。一有机会,井深就会边说着"祝贺你",边亲自将书包交给孩子们。这是井深每年春天最为期待的一项活动。[7]在1988年的书包赠予仪式上,当时80岁的井深亲切地告诉刚刚进入小学的孩子们要努力成为一个优秀的人。他这样

说道:

当然,为了更好地学习,我们要让自己变得聪明。但是,有一件事比让自己的头脑变得聪明更加重要,那就是让自己成为更加优秀的人。请大家将这句话牢记于心。[8]

教育即育人。井深的好友本田曾说:"在学校中教书固然有必要,但'教书'的内容总会成为过去,真正应该关心的是'未来'。"对此,井深表示赞同:"是的,'未来',也就是育人。"[9]

井深在教育,尤其是幼儿教育上倾注了很大的心血,他认为早期教育在幼儿的才能开发中发挥着极大的作用,因此于1969年成立"财团法人幼儿开发协会",并亲自任理事长。两年后,井深又着手撰写《幼儿园开始就迟了》一书,在国内外引起了极大反响。可以看出,井深将幼教乃至胎教,以及中小学的教育研究和实践作为了自己毕生的事业。

井深所提倡的"育人",是在"人类的能力产生于'环境'之中"这一信念的支撑下进行的。因此,井深认为教育的开展一定要越早越好,并且对"人类的性格和能力等是由遗传决定的"这一说法表示强烈的反对。井深坚决地表示:"我坚决站在这种思想的对立面上,想要努力地将环境的重要性传达给大

每年惯例的书包赠予仪式上,父母与孩子一同参加。结束后的全体合影。
1975年

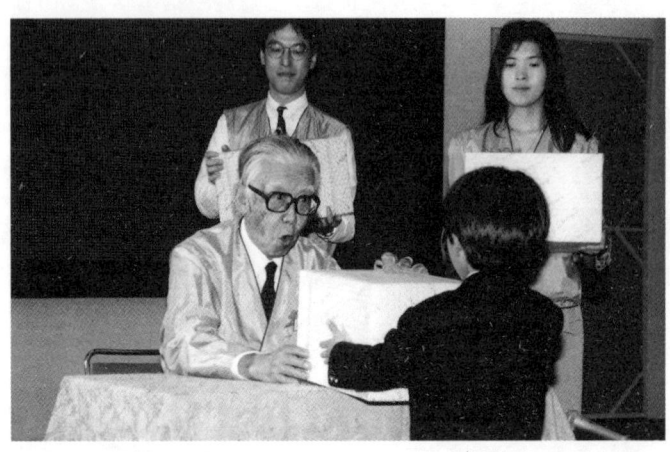

"站着的话肩膀就会酸得不行,所以从去年开始变成坐在椅子上完成仪式。这样一来就能平视孩子们,也能看清孩子们的表情了"(1989年)。摄于1990年　81岁家。"[10]这里井深所提到的"环境",是指妊娠时,或者在这之前母亲的思想准备。因此,井深所强调的幼儿教育,不仅"从幼儿园开始就迟了",而是"甚至从出生开始就已经太晚了"。母亲的行动、母亲的思维等,这些对于孩子来说都是一种"环境",孩子的成长很大程度上受其影响。因此,在幼儿开发协会有面向准妈妈们的课程——"产妇沙龙"。

与开发了小提琴早期教育方式"铃木方法"的铃木镇一的相识,被认为是井深投身于幼儿教育的一个原因。在位于长野县松本市的铃木的教室里,四五岁的孩子们在演奏着门德尔松的协奏曲。看了这一幕,井深确信,只要给孩子们创造充满音乐的环境,就能够培养出热爱音乐的孩子。但是,促使井深对教育如此关心的另一个重要原因,是患有智力低下的次女多惠子。

## 2. 培养"真正的人"

### 次女多惠子和父亲井深

井深对教育的关心,与智力低下的次女多惠子的出生和成长有着密不可分的关系。井深亮说:"父亲对幼儿教育的关注,以及对孩子们成长为'更优秀的人'的追求,我认为,是因为二姐多惠子而产生的。"[11]作为家长，井深没能在患有智力障碍的女儿身上付出足够的心血，也许是这样的反省促使井深投身到幼儿教育事业中去。井深亮也曾记述道："姐姐一不高兴，就会乱扔东西发脾气。也许父亲一直都很遗憾当初没能更好地培养姐姐。"[12]

井深曾说："人类被赋予的最大使命，就是为后世培养优秀的继承人。（此处有删减）如果不能尽最大努力去培养更好的下一代，就不能说尽到了为人父母的责任。而这种使命，只有通过幼儿教育来实现。"[13]自己到底有没有"尽自己最大的努力"？身为父亲，到底有没有尽到自己应尽的责任？这两个问题，也许井深从事幼儿教育时无时无刻不在问自己吧。

井深对教育的投入——成立幼儿开发协会、积极投身于幼儿开发之中等，开始于索尼公司走上正轨、成为被世界认可的大公司之后。在这之前，井深一门心思在公司的发展上，分给家庭的精力少之又少。多惠子出生于昭和十五年，据说井深是在女儿即将升入小学时注意到她的智力障碍的，当时大概是昭和二十二年。

这正是索尼刚刚起步的重要时期。在战争刚刚结束的混乱之中，井深又是与岳父前田多门一同坐着夜行电车赶去爱知县说服盛田的父亲，又是为了自己四处奔走，还要赶紧寻找工厂用地，正是事业起步最艰辛的时期。一直认为自己的人生时间很有限的井深，先后创立了日本测定器和东京通信工业，拼了命地抓紧战前和刚刚停战后的所有时间。

在这样忙碌的时期里，井深和妻子发现了小女儿的缺陷。当时两个人感到"极其震惊"。[14]这对本来就和与自己性格不合的妻子产生矛盾的井深来说，简直是雪上加霜。井深受到了很大的打击。他必须要面对女儿的疾病，但作为公司的领导者同样不可以放弃公司的前途。当时的井深，在家庭与事业之间，处于肉体与精神双重折磨的艰难境地。

### 人自身的强大力量

公司的创建、发展，并不是一件容易的事。即使对一直热爱事业的井深来说，也是这样。即使在战后的混乱平静之后，井深家也从未有过全家一同出行，或是愉快地围在桌旁吃饭这样的幸福时光。在与妻子不和的状态中，井深既要承担公司起步阶段繁忙的工作，又要为了治疗小女儿的疾病四处奔走。对小女儿的教育不尽如人意，也是必然的结果。井深亮回忆道，井深在小女儿的教育上，走了许多弯路。当时的医学并不如现在发达，因此诊断与治疗可能并不系统。

作为父母，井深和妻子没有照顾好小女儿。虽然这不是井深一个人的责任,但这样痛苦的经历,促使井深投入幼儿教育中去。井深亮写道:"姐姐并不是智力发育迟缓,只是应该接受教育的年纪没有接受合适的教育,IQ 才没有达到应有的水平,(此处有删减)父亲之所以这样关注幼儿教育,也是因为这一份复杂的愧疚之情吧。"[15]

然而,在井深面临家庭生活的巨大不如意之时诞生的东京通信工业创立宗旨,其内容却给人以巨大的希望。由此,能够感受到井深身上所蕴含的人的强大力量。不论面临怎样的艰难困苦,井深从未怀疑过人、怀疑过人自身的力量。正因为有这样的信念,即使处在家庭生活岌岌可危的状况之中,井深也没有绝望,而是坚强地、乐观地生活下去,不断寻找着生活的希望。

井深还是从得知女儿疾病后的绝望之中站了起来。他利用自己的工作间隙,拜访医生、走访儿童福利机构。在经过了许多调查之后,小女儿读小学中年级时,井深决定将她送入儿童保育机构。但在保育机构的十年教育的结果,却是"一无所获"。"她会写自己的名字,但只拿出其中的一个字却不认得。能够机械地数数,但同样无法单独识别数字。这样的教育真的可以吗?多惠子的未来到底会怎样?我的心里不禁产生这些疑问。"井深回忆道。[16]

担心女儿未来的井深,决定帮助与自己同样的父母,为残障儿童们设立一个即使父母去世后也可以安心生活的场所。井深强烈地感受到了作为父母的能力界限。即使作为索尼的领头人担任着繁重的任务，井深也会在百忙之中与残障儿童的父母进行交流、设立能够使这些孩子们工作、自立生活的设施。这就是设立于索尼厚木工厂附近的"杉菜会"——现在位于栃木县鹿沼市的社会福利公司"希望之家"。为了帮助孩子们生活下去，井深将索尼公司的一部分工作迁到了"杉菜会"——将索尼公司产品的说明书放到塑料袋中。看着努力工作的女儿的身影，井深感到非常开心和欣慰。

**严格的自立要求——由爱而生**

井深尽自己所能，在大分县别府市设立了一所名为"索尼·太阳"的专门雇用残障人士的机构。起初，别府市的残障人士机构"太阳之家"联系到索尼公司，希望能够承包一些工作。以此为契机，井深开始了对别府残障人士机构的帮助，以促进机构经济上的独立。

在这个过程之中，有一个故事。[17]那是在1966年（昭和四十一年），太阳之家的经营者畑田和男联系到井深，询问是否可以让太阳之家承包一些工作。井深一边赞扬"工作做得不错嘛"，一边向畑田询问对方机构是否具备能够承包工作的组织和管理能力。当畑田回答不上来时,井深说道:"承包是有一定风险的。即使是索尼,也会有不景气的时期,这时我们的订单量就会减少。如果让残障朋友们一同承担这份风险的话,到时候我真的无法承受。"随后告诉畑田,"完善好组织和人员后,再来找我谈吧"——井深通过对工作上的要求,来帮助残障人士走向自立。工作是容不得半点马虎的。井深一边给予残障人士以温暖的关怀,一边严格地督促他们走向自立。这才是真正地为残障人士着想。这也许就是一名残障人士的父亲的独特思路。正是在这其中,能够体会到井深用情之深。在那之后的第7个年头,太阳之家完善了组织和人员,终于具备了承包索尼公司的工作的能力。

精力充沛的时候,即使工作再忙,井深也会每年抽出一两次的时间到大分的太阳之家看一看。有时还会跟一同向太阳之家提供帮助的本田公司的创始人——本田宗一郎一起前往,夜晚在住处还要一直聊到深夜。"多惠子好像我人生中的十字架,是我生命中的一道光。"[18]对残障人士的一切帮扶、支援活动,都是在井深这一想法的支撑下进行的。对幼儿教育的投入,就是井深的"十字架",在其中,他找到了生命的希望、人生的光芒,还有自己一生的使命。

小女儿的残疾是井深投身教育的重要契机[19],对人类的力

在幼儿开发协会的三田课堂上与宝宝做瞪眼的游戏。1989 年

量、人类自身所蕴藏的巨大潜力的坚信,是井深在这一过程中的精神支柱。因此他认为,每个人都有责任为人类心灵和能力的开发做出贡献。在 1989 年,井深说道:"当我发现'在孩子的身上,蕴藏着巨大的可能性'时,可以说是这 20 年最让我激动的事情了。"[20] 对他来说,育人并不是一件多么特别的事情,而是只有通过激发人类自身的能力,每个个体才能够成为一个"真正的人"。

井深一直坚信,教育的本质是激发人类本身的潜能,只有通过教育,人类才能够成为真正的人类。

## 3. 对东方的关心

### 超越了近代合理主义的崭新的知识探索

在退居二线后,井深除了关注幼儿教育以外,还对超能力、通过把脉得知疾病病理的脉诊,以及东方医学等这些非西洋、非合理、非科学的世界十分感兴趣,并沉浸其中。在索尼公司内部,受井深兴趣的影响,开设了脉诊研究所、ESPER(超能力研究所)等。脉诊研究所成立于1989年(平成元年)(1993年与ESPER研究所合并,并更名为生物信息研究所),井深亲自担任所长。其设立是基于井深涉猎医疗领域的强烈愿望。刚刚成立的脉诊研究所,同时也用作面向员工的诊疗室,是一个小规模的机构。井深自己也曾有过脉象不稳的状况,因此研究所主要进行"脉象"的研究。然而井深除了"脉诊"以外,还对"气功""针灸""指压疗法"等各种东方医学产生了兴趣。后来,研究所更名为M·I实验室。M·I是井深(I)大(M)名字首字母的结合(译者注:"井深大"的日语读法用罗马字表示为Masaru Ibuka),但据说当时已经卧病在床的井深本人强烈反对这一命名方法。但因为M·I又可以解释为Medical Information,所以最终仍然以该名字命名。[21] 实验室的设立,遭到了社会上严苛的评价。有人说井深"已经老了",还有人说这些举动简直无聊,怀疑井深的思维出了问题。[22]

那么,到底是因为什么,井深会对这些领域产生兴趣呢?也许可以用井深那无休止的好奇心来解释。或许也可以说老年井深的思维也发生了一些变化。再或者,在井深心中,科学、技术、生产活动,以及教育、非科学的世界,这些领域之间存在着某种联系。如果说果真是这样,那么是什么促使井深拥有如此充沛的精力去涉猎如此广泛的领域呢?

## 80年代后期开始的范式转变

在井深将目光转向东方医学和"脉诊"的同时,也有企业开始关注同样的领域。那就是日本的代表性化妆品公司资生堂。[23] 资生堂是于1872年(明治五年)成立的首个开设了洋式配方药房、世界首屈一指的日本化妆品公司,其生产的护肤品享誉世界。当时的资生堂,正着手解决一些化妆品行业在女性肌肤护理方面的难题。

到了20世纪80年代后期,有更多的女性开始注意到自己的肌肤敏感问题,许多人开始出现遗传性皮肤炎的症状。另外,干性和油性特征混合的肌肤问题(曾称为"复杂性皮肤")也困扰着很多女性。在那之前,只有"干性皮肤"或"油性皮肤"两种肤质分类,因此当时并没有合适的护肤品来很好地解决这一问题。并且,青春痘的问题也开始困扰着女士们。精神压力的增大、肌肤所处的环境变化以及饮食等因素复杂地交织在一起,现代生活方式导致很多情况复杂的肤质种类出现了。自己的皮肤变得不受自己的控制,让许多女性感到非常困扰。

针对这些女性的皮肤问题,资生堂推出了具有对症应对肌肤问题效果的新产品。在此推动下,化妆品品牌、产品数量逐年增加,化妆品市场走向了复杂化、细分化。产品之间的功效差异越来越不明显,并且化妆品品牌开始在脱离消费者的情况下进行频繁的更迭。另外,杂志、电视上出现的化妆品宣传开始泛滥,消费者陷入了无法选择的混乱状态。不知道针对自己的皮肤该选择什么样的化妆品的消费者们,开始对不断推出各种新产品的资生堂等现有化妆品厂家产生了怀疑的情绪。

因此,消费者们转向了用未曾出现的新概念进行开发的化妆品厂家。这些新兴厂家以"不仅仅通过研究肌肤,要通过研究人体全身来进行化妆品开发","倡导无添加、追求大自然的价值"为口号进行自我宣传,以资生堂为首的老牌公司的市场,开始慢慢被这些新兴厂家侵占。很明显,以往的思考方式已经渐渐脱离了时代,消费者们越来越不能接受从前的理念。

在公司的生存环境越来越艰难的情况下,资生堂开始了以向消费者提供新的消费理念为目标的"新价值品牌"的开发。当时正是1993年(平成五年)——脉诊研究所更名为生物信息研究所的那一年。为了进行开发,资生堂公司设立了智囊团(相当于内阁)以推进开发进程,智囊团的中心(相当于内阁总理大臣)即当时的总经理福原义春。8名智囊团成员(相当于内阁大臣)分别被任命为各个部门的部长级别职务。这是展示了资生堂成功决心的"终极"人才配置。

新价值品牌以"从混乱走向秩序,为肌肤和心灵开辟一块圣地"为基本概念。将心与肌肤从一片混乱中解放出来,为消费者提供真正可以安心选择的化妆品,是新品牌的使命。然而,以"自然""健康""生命""生态学"为焦点的开发行动遇到了瓶颈,"破解密码"一样地寻找新的价值关键词的行动还要继续下去。在进行了不懈的努力后,"从东洋风格的角度定义的生命力化妆品"这一新概念诞生了。对于将西欧特别是法国的近代文明、西欧的方式方法积极地吸取过来,将其加入日本元素、不断在化妆品市场推出新产品的先驱性公司资生堂来说,全面推出东洋价值观这一行动意味着一次范式的转变。

之所以能够想到这样的范式转变,是因为意识到了东方思想的整体观、有机的关联思想恰好可以解决现代女性的烦恼。

皮肤不是独立存在，而是与身心、环境都紧密相关。伴随着女性社会地位的提高，压力、不规律的生活、睡眠不足等问题使得女性更加疲劳，加之恶劣的办公环境，以及大气污染、水污染等地球环境的恶化，现代女性的肌肤承受着各种各样的恶劣影响，本来的肌肤平衡就变得更加容易被破坏。肌肤表面的水分平衡，也会随着天气和季节的变化、身体状况的不同、情绪的波动而发生较大的变化。因此，原本只有"干性皮肤""油性皮肤"两种的肌肤分类方法，开始无法应对新的肌肤问题。

为了应对增加的复杂肌肤问题，学习东方医学，用包含了身心与环境的整体思维来重新思考肌肤问题、使肌肤恢复本来的状态，是很有必要的。于是，能够使肌肤恢复健康状态的"生命化妆品"——AYURA诞生了。生命化妆品，就是以东方医学中的整体思维为基础，重新对人的肌肤进行思考后诞生的，使作为生命体的肌肤重新获得生命的化妆品。

**超越合理主义**

东方医学与西方医学之间本质的区别在于，前者将人体作为一个相互联系的整体来考虑，而后者将人的身体分成独立的领域（内科、外科等）。另外，东方医学将人的身心与生命放置于自然之中进行思考。也就是说，在东方医学中，一切都是互相联系的。

与之相对,西方医学不会将人体作为一个整体来考虑,而是独立地对身体的每一个部分进行诊断。井深对此非常怀疑。过于先进的西方医学的问题正在此处。正因为身为优秀的工程师和科学家,井深才会明白科学合理性的局限。井深亮也曾说,"父亲专门研究电器工学,是从技术的田地里一路走来的科学家。因此,在某种程度上来说,应该是抱着对科学的合理性的坚定信仰而一路走来的。但是,正因为他是科学家,所以才会明白科学是有局限性的。"[24] 支撑着这样的井深思想的,是"科学,并不与人类的日常生活相分离,相反,它最贴近人类生活"[25] 这一将人类本身作为一切基础的井深式哲学。

在井深对东方医学进行研究的同时,社会上正在展开一场对以普遍性、非个性、还原主义、专门化、细分化为主要特征的机械地(即无视人类情感地)看待现实的,近代知识认知体系的探讨。1980年以后遍布世界的"后现代主义"就是因此而产生。当然,井深也受到了这风潮的影响。他之所以将目光转向了新范式下的思维方式,就是这个原因。

## 4. 新范式——推翻"近代科学"界限的尝试

### 后现代与超近代的知识探索

井深曾这样说道:"不论是数字技术还是模拟技术,都只不过是一种手段而已。当然,考虑今天或者是明天的事情固然必要,但新范式的意义远要比此更广。为顾客提供满意的商品这件事关乎人心,以人与自然的整体性思维来考虑,物与心二者内外呼应。这样的思维方式,就是打破近代科学范式的最为关键之处。请大家记住,如果不接受范式转变,不采取以'物'来满足'心'的思考方式,那么就会逐渐被21世纪淘汰。"[26]

井深敏锐地感觉到了打破近代科学范式的必要性。"物"与"心"二者内外呼应,因此索尼公司也有必要开始范式转换,不仅要进行科学研究,也要加入对人心的思考。否则,索尼的产品就不再能够使顾客得到满足。井深感到了强烈的危机感。近年来,以"从有形消费到无形消费"为关键词,消费的对象不单单停留在商品层面,企业在提供商品的同时还要为顾客提供一份经验或是感动。这种思想在整个市场迅速蔓延。井深在25年前就已经意识到了这一点。

说到这里,有一个有趣的故事。[27]1992年索尼公司内部开展了一次由管理层主办的主题为"索尼范式转换"的研讨会。

井深非常赞赏这次主题,于是从早上开始就非常期待地准备参加。然而会议内容并没有和"范式转换"产生太大联系。后来,曾任总经理、董事长的出井伸之回忆道:"其实将员工们聚在一起探讨范式转换,并不会得出什么像样的结论,对现状的改善也不会产生多大的效果。在开会的时候我就一直有一种不好的感觉。"当出井邀请井深参加会后的宴会时,井深边说"你来一下"边将他拉到一旁:"你知道范式转换是什么意思吗?给我说说看。"说完,把出井狠狠地批评了一顿。当时井深也许是想要告诉出井,要抱着长远的、非连续的眼光(译者注:指整个过程不会呈连续上升状态)大胆地看待范式转换的过程。

之所以后现代主义开始得到关注,是因为自然环境破坏问题、身心健康问题等这些无法用还原主义的观点进行线性处理的实际问题,用笛卡儿以来的近代方式已经无法有效应对了。"高度科技化的知识存在方式"[28]开始被人们重新审视。也许将对此的讨论用一句话来概括的行为显得有些草率,但总的来说,这场讨论也就是对一直以来支撑西欧的近代合理主义的一种批判行为。

笛卡儿之后,一直在发展的近代科学和它背后的近代文明,一直被看作推动人类进步的力量。人们一直相信,是近代化为人类社会带来了进步与发展。由于对客观普遍的知识的崇拜,社会科学也开始像自然科学一样，追求"科学"的知识。在企业活动中，为了掌握市场动向也会通过市场调查来收集数据，然后花时间对这些数据进行分析。随机抽样法的出现以及样本数量的增加使得统计越来越精确，人们越来越追求一种客观普遍的数据。

然而，近代合理主义所支撑的对知识的科学的探求，并不是绝对的。就像最近导致了日本大地震的福岛核电站的大灾难所告诉人们的那样，即使进行了科学的分析与推测，不可预知的灾害仍旧会发生。因此，20世纪80年代以后，对科学的认知方式开始被重新重视，在哲学、社会学领域开展了激烈的探讨。然而回顾历史，其实早就出现过对笛卡儿所创造的科学体系的疑问。早在20世纪30年代，开拓了现象学的胡塞尔就曾提出过问题。虽然人类已进入了基于近代合理主义的科学的知识探索的阶段，但人类互相残杀的第一次世界大战暴露出来一个问题：人类在危机面前，欧洲各学说本身也没了用处。胡塞尔认为，危机的根源，正是在于近代科学并没有处在人类本身、人类生活的中心地位。而井深所重视的正是人类本身。

伽利略所认识的以数学为基础的概念上的"世界"，已经被我们日常真正生活于此的世界——仅有一个的现实的世界、一个我们通过亲身体验而认识的、看得见摸得到的世界所替换了。认识这一点是非常有必要的。[29]

## 身为"少数人"的井深

当胡塞尔向以合理主义为基础的近代科学的认知方式抛出疑问时（1936），井深正在PCL公司的植村的提携下，作为一个优秀的年轻工程师崭露头角。1936年（昭和十一年），也是井深结婚的那年，当时井深也许还不知道胡塞尔是何许人也，更不会对工程师的基本知识——还原主义抱有什么疑问。井深是在那之后的人生中，才体会到靠合理主义无法解决的生活中的辛酸苦辣。

像胡塞尔一样将所有的概念都建立在"真实世界"的基础上，对合理主义所支撑的近代认知的重新审视的行动，在很久之后才成了一定的规模。那是20世纪70年代后期、1980年以后，以学生运动为代表的新生一代对世界既有秩序的反抗现象在世界各地蔓延的时期。以往的以科学合理主义为基础的近代化，反而给人类带来了环境的破坏等危及人类存亡的危害。如果考虑到这些，像资生堂或是井深所思考的以生命为中心的思维方式就是时代的必然。与此同时，如果将人体看作一个各个部分互相联系的整体的话，也就不能舍弃人的精神世界来单独考虑人类或人类的认知体系。西田几多郎曾提出"行动的直观",即知识是有行动性的。

然而,即使是后现代主义时期,在工程、技术学界,也没出现什么对近代科学的批判性探讨热潮。因为如果否认了还原主义,那么工程学本身就不会成立。在工程学界,持有像井深一样的思想的人是绝对的少数。自己不被理解让井深感到非常痛苦。[30] 井深所提倡的"新范式"对于索尼公司来说,就是后现代主义一样的存在,当时在公司内部并没有被广为接受。

**不是声音,而是音乐**

井深不喜欢数字技术是出了名的。这会不会是因为井深已经上了年纪,无法接受新事物而执着于古老的模拟技术呢?答案是否定的。就像对新范式的探讨所体现的那样,井深对数字技术的排斥,并不仅仅因为他是一位出生于明治四十一年的"模拟技术时代"工程师,才对新技术抱有抵触感。

从 NHK(译者注:日本放送协会)进入索尼工作的中岛平太郎,对井深大对数字技术的抵触情绪感到很困惑。据说在如何说服井深上费了很大劲。井深是成立于 1952 年(昭和二十七年)的日本音响协会的创始人之一,从 1979 年(昭和五十四年)开始,13 年间一直担任第二代会长。当时,正是磁带、唱片和媒体被一点一点数字化的时代。

在数字化过程的初期,井深对于数字技术的导入抱有很大的疑问。中岛曾向井深提出想要研究数字技术,得到的回复却是"比起研究那些,不如先想想办法提高音响的收益",意思大概是模拟技术领域还有很多可以做的事情。井深批评中岛说:"你根本不去体会音乐,只是单纯去听声音,所以你根本做不出来好的设备。"对此中岛反驳井深道:"井深先生,听过声音之后不去分析它,才真正做不出来好音响。"后来中岛在谈及与井深在音响上的分歧时,这样说道:"也许这样说太过夸张,但当时的分歧可以说是'艺术'与'科学'的对立。"

中岛是这样对井深解释数字化的用途的:

如果用数字技术,波形受到何种干扰都不会被影响。不仅如此,还可以通过矫正得到比之前更加完美的波形。在模拟技术中困扰大家的变形、杂音、频率颤动,以及音频复制后的质量下降等问题都可以迎刃而解。

中岛感觉井深并没有打从心里认同他的说法。他的感觉是正确的。因为通过"声音"和"音乐"这两个用词来看就会发现,中岛与井深对整件事情的认知有着本质的区别。

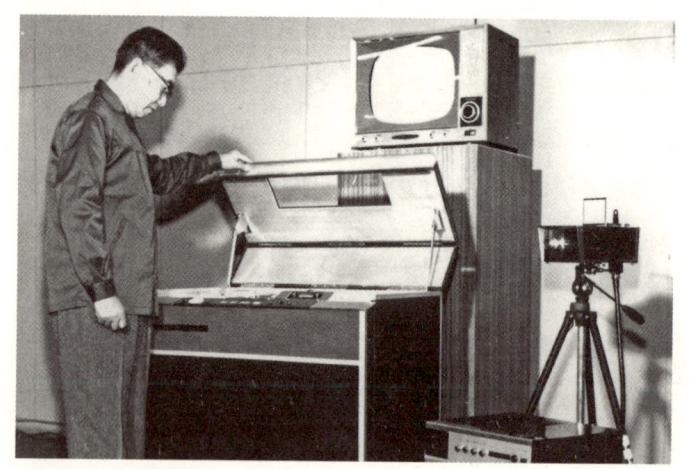
世界首个晶体管录像机——"SV-201"发布。1961年

在索尼总部的设计研讨会上,井深对商品的关注从未减弱。1993年 85岁

**暗默知与形式知**

如果要认识关于音乐的两种看法的区别,就要先清楚知识有两种形式。起初,知识是以暗默知(tacit knowledge)的形式诞生的。人们通过实践,直观地得出知识。就像生活中经常出现"不知道如何说"的情况,人们经常会无法用具体的语言表达自己的意思。人类所获得的知识之中,具有暗默知的特征的知识占大部分,可以说暗默知是人类知识的一大特质。人类可以思考一些超越语言的事。另外,以语言或文章等形式存在的知识被称为形式知(explicit knowledge)。暗默知是人类通过实际经验得到的带有主观性的知识,而形式知则更加客观、能够在各个集团间共享。如果定义二者的关系的话,可以说在形式知的背后,存在着数量更加庞大的暗默知。

中岛所说的可以进行数字化的,只不过是作为形式知的声音本身。具体来讲,就是乐谱只不过是可以被输入的数据。与之相对,井深所追求的是音乐。音乐由形式知(乐谱)和暗默知(音乐诞生的环境)共同构成。音乐家要在特定的时代背景中进行作曲。因此,所做的音乐中包含着其诞生的时代的背景和作曲家本身的思想。贝多芬的第三交响曲《英雄交响曲》(1840)的背后,有着生活在拿破仑一世时代的贝多芬内心的

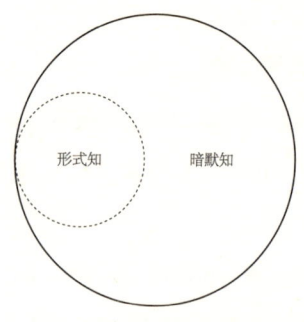

出处：原作者做。

**表1　人类可以思考超越语言的事情**

情感。斯美塔那（译者注：19世纪的波西米亚作曲家）的《我的祖国》（1874—1879）中，包含着被邻近大国支配的捷克的苦难历史以及在这样的环境中祈求民族独立的斯美塔那的愿望。因此，在形式知的背后，一定存在着更加丰富的暗默知。

当演奏家把握了这一层暗默知后，就可以完成一场动人的精彩演奏。演奏家在挖掘和体会作曲家的情感的同时，也加入自己对作品的情感和理解，这才能够演奏出美妙的音乐。一场经典的演奏，是演奏家与作曲家的情感共同作用的结果。因此，经典的演奏会因演奏家的不同而不同。当人们欣赏音乐时，也会体会到作曲家的情感。因此，音乐会上对曲目的解说是必不可少的。读着音乐背后的故事，观众们才能体会到音乐诞生的背景。这样,在欣赏整个曲目时,观众自身的情绪和经历也会对所听到的曲目产生影响。演奏者与听众之间也会发生协同作用,观众就会被音乐打动。每个观众体会到的感动也会各不相同。

**理解了暗默知,声音就会变成音乐**

如前所述,欣赏音乐,不仅仅要欣赏声音,还要理解其背景。当理解了声音背后的暗默知,那么声音就自然变成了音乐。乐谱上所看不见的暗默知——音乐背后的故事,与音乐无法分离。同时,暗默知也无法通过数字技术完全转换成形式知。这就是为什么井深会将声音与音乐二者的区别作为问题来看待。

年轻的工程师虽说对工作很有热情,但他们往往只去注意机械发出来的"声音"。如果不养成去聆听"音乐"的习惯,就不会做出好的机械来。[31]

让顾客感到满足的商品要用心来做,决定是否满足于一件商品的因素也是人心。这些最终都无法归结于科学。井深对"人类是什么""什么样的科学能够带给人类幸福"进行了深刻的思考。井深的以人为本的思想和哲学,是解决近代认知方式的局限性的一种答案。

有人说，21世纪是评价精神的时代。（此处有删减）我感觉，接下来人类之间的问题会受到前所未有的评价和批判，这样的时代正在向我们走来。[32]

1989年（平成元年），80岁的井深在索尼的入职仪式上对二十二三岁的年轻人的发言中的这段话，与井深的岳父前田多门于停战后，在广播中发表的那段面向年轻人的讲话有着共通之处："人们只是被培养成为有用的工具，明治初年以前的精神教育的根源却已经被埋没。这个弊端，无论如何都要改正过来。"

## 5. Synthesis= 统合

### 通过统合来迈向创新

当井深开始关注东方医学时，并不意味着他完全否定了西方医学。井深在"思考二者的关联之处。并且一直主张二者的关系并不是加法，而必须是乘法"。[33] 硬件与软件、数字技术与模拟技术之间也是如此。并且早在东京通信工业创立宗旨中也写到了"电器与机械的统合"。

另外，应当避免只开发电子、器械的单一模式，要将两者结合，保持自身开发创新的个性，制造出无法被超越的独创产品。

井深"重视统合"的思想，一生都未曾改变。

如果我们的思想只是硬件"一边倒"，那么将不会有光明的未来。只有尽可能地挖掘和开发软件，才能够走向世界。[34]

不论是数字技术还是模拟技术，都只不过是被用的工具罢了。[35]

当井深提到这些东方医学与西方医学、数字技术与模拟技术、硬件与软件的对立概念，并不是想要否定某一方，而是要去实现双方的统合（Synthesis），也就是"The Best of Two Worlds"（两个相对世界的统合）的实现。Synthesis意味着乘法，也就是不否认任何一方地将两个对立的概念统合起来，将二者的长处发挥出来，达到"1+1>2"的效果。例如，在数字化的问题上，就能够看出井深这样的态度。如前所述，正是因为井深追求的是音乐而不单纯是声音，才会批评一心想要将音乐数字化的中岛。但井深不是在否定尝试数字化这个行为本身。据说当中岛完成激光唱片的商品化后，将第一件作品拿到井深面前时，井深好像自己完成了一件大事一样非常高兴。他对中岛说："祝贺你。也谢谢你。确实音质很不错……但是啊，中岛……我觉得这件作品很好，但你可不要认为模拟技术就应该被抛弃了啊。"[36]

井深对统合、协同效果的追求,不仅仅停留在思想上,处理人际关系也是如此。据井深亮说,井深"对自己的要求非常严格,甚至于有些固执地遵守着自己的规则,但却从不强求他人。"[37]井深能够包容每个人的个性。因此才会出现像井深与盛田这样的搭档,才会获得仅凭井深一己之力无法得到的成果。

井深与盛田的关系是这样的。井深与盛田之间有着强有力的技术上的联系(并且二人都是自己领域优秀的专业人士)。但两人最大的区别不在于年龄。井深认为自己不是一个合格的经营者,"计算等那些麻烦的工作,全都由盛田来帮我完成。我只要想着实现自己的梦想,去拼命地实现它就可以了。我要感谢大家为我创造了这样的条件。"[38]另外,对于盛田来说,他无法放着井深不管。井深亮曾回忆道:"如果不去帮助他的话,不知道他会做什么。他有着很大的梦想,又很有人格魅力,但他的行动总会让人看着提心吊胆,不自觉地想要去照顾他。父亲也有依赖别人的一面:会不自觉地依赖周围的人,交给别人一些任务。但即使这样也不会引起他人的反感,父亲的这项才能是与生俱来的。"[39]井深与盛田两个人很互补。可以说两个人是造物主和执行者或是创新者与市场家,又或是追求完美的幻想家与将他的想法变成现实的执行者。但是,两个人却创造了即使召集全世界的搭档也创造不出的丰富多彩的世界。仅凭两人之中的任何一个人都无法创造出这样的世界。所以说，仅凭井深或是盛田任何一人，都不会有东京通信工业，也不会有索尼公司。

**与本田宗一郎的交流**

同样，这种协同效果在井深与本田宗一郎之间也有所体现。井深第一次认识本田是在1950年（昭和二十五年）。当时，井深是在杂志上读到一篇关于地方的一家小公司通过流水线实现了排量为50 cc的发动机的量产的新闻时，见到了本田的名字。"当时我想，原来还有这样一个富有活力的家伙！于是就牢牢地记住了他的名字。"井深回忆道。[40] 当时正是东京通信工业艰难的时期，当井深读到和自己的公司一样的小公司居然实现了发动机的量产的新闻时，也许受到了一定的刺激。以此为契机，井深与本田40年的交往开始了。

两人之间完全没有工作上的联系。两人之间有着一条不成文的规定：互不过问对方公司情况或是工作状况。两人之间还有另一条重要的约定，那就是两人互相都不许拒绝关于公益事业的请求。因此，两个人的交流基本都是在公益事业方面进行的。通过这条约定，本田担任了索尼公司发起的科学教育振兴

与本田宗一郎在童子军的营地。1977年　69岁

在自己收藏的相机中间（莱卡、禄来福、宝丽来SX-70、ZENZA BRONICA等）。1975年　67岁

基金的干事,以及幼儿开发协会的理事,并且还让太阳之家承包了一部分熊本工厂的工作。井深则应邀担任了童子军日本联盟的理事长。两人所开展的公益事业的共同点在于,都是为了达到开发人类本来潜能的"育人"这一目标。

性格迥异的两人之所以能够保持长时间的交往,就是因为两人之间有着很多的共同点。井深和本田都非常有好奇心,一有新事物出现,都会立刻扑上去。在工作方面也都有自己的一套,唯我独尊。两人在哲学和人生这些更高的层面也有着共同之处。井深与本田之间"所追求的目标,或者夸张一些来说,两人的哲学与思维方式高度一致"。[41]

### 巨大差异中的共同基础

实际上,本田与井深的哲学、思维方式上,有着非常多的共同点。[42] 就像井深一直追求"建设自由豁达且身心愉悦的理想工厂"一样,本田则始终追求充满"三个喜悦"的工厂建设:购物的喜悦、售卖的喜悦、制作的喜悦。只不过,这不是本田一个人就可以完成的工作。本田告诉员工们,这一目标的实现要靠包括新员工在内的所有本田公司员工,通过有机结合"人类的本性"与"科学的本性",以将本田公司建设为对每个员工都有价值的公司为目标的自主工作。这一点,正好与井深在东京通信工业创立宗旨中写到的"凭着人格的认同聚集在一起，秉承着合作精神"如出一辙。本田告诉员工们："我也在努力将公司建设成为比其他公司更能够给员工提供工作价值的场所。但仅凭我一个人的力量是绝对不够的。"

如果员工们都能够向着将公司变得更好的目标而努力工作的话，那么他们之间的年龄差就不是问题。在这一点上，本田与井深的想法也是一致的。作为有名的"学历无用论"的提倡者，本田告诉员工们："我希望你们自由发表自己的意见。这里没有人会阻止你说出自己的想法。如果你没有自己的主张，那么将你们这些新鲜的血液注入本田是毫无意义的。你们就是新本田的力量源泉。"当然，这并不意味着可以胡乱发言，本田要求员工在发表自己的想法时，要秉持着极高的"道德心"。因为"讨论"这个行为本身，要在"尊敬和正确的意见"的基础上进行。

另外，在本田的公司管理中，"信任"是最重要的一个元素。这是将个性不同的人集中在一起为了同一个目标而努力的关键所在。无法体现在语言中的"信任"，比华丽的语言更加重要。因此，本田也在通过自己的实际行动来培养员工之间的信任感。

在创新方面，本田也同样将梦想看得非常重要。本田公司创新的推动力就是"创新"。梦想的力量，则是本田公司的原动力。从摩托车厂家发展而来的本田公司，之所以能够在机动车开发与制造、喷气机开发制造领域取得成就，甚至是能够开发出服务于超高龄化社会的、帮助行动不便者移动的人形机器人"阿西莫"，并正在朝着其制造而努力，都是因为本田公司以"移动的乐趣与精彩"为中心的梦想在起着作用，使整个公司不断向前发展。本田自身当然也非常重视梦想。被大家称作"吹牛大王"也完全不在意，大大方方地讲着自己的梦想。面对困难之时，比起在创意上下功夫，本田更依赖于"迫不得已情况下的智慧"。这不是说在遇到问题时还要思路清晰地分析解决方法，而是在被困难当头一棒之时还要坚持着在困难状况之中寻找突破口。

**人生与哲学两方面的共同点**

本田宗一郎思想的深处，与井深一样有着对人类思考能力的坚定信仰。"拿来的东西不管怎样就是拿来的东西。不管付出了多大的努力都没有意义。只有大家自己努力思考出来的成果最珍贵。我相信大家的智慧和能力。"本田曾对员工们说。但是，也不可以忘记"技术，终究是服务人类的一个手段"。正因为"技术不是万能的"，所以必须要明白"在人类的基础上使用技术手段，才会得到人的喜悦"。

与井深在东京通信工业创立宗旨中所写的内容一样,本田也追求着"在人的成长过程之中,以身心两方面的成长为目标"的主体性经营的实现。正因为这样,哲学作为工作中的行为准则,在本田的经营理念中占有很高的地位。

没有理念的行动仿佛是一件凶器,而没有行动的理念则是没有价值的。

Action (technology) without philosophy is a lethal weapon. Philosophy without action (technology) is worthless. (Honda Philosophy)

在这一思想上,与井深、本田一样具有革新精神的史蒂夫·乔布斯也曾说过类似的话:

It's in Apple's DNA that technology alone is not enough. It's technology married with liberal arts, married with humanities that yields us the results that makes our hearts sing. (Steve Jobs) [43]

(不单纯依靠技术,是苹果公司的DNA。技术是自由学科,只有在与人性结合之后,才会使我们心潮澎湃。)

统合，意味着不排斥不同的事物。不论是井深还是本田，都不曾因为差异而将他人拒之门外，而是理解差异、包容差异。然而相对立的两个概念的协同作用，并不是无条件的，而一定要有共同的思想基础为前提，才会有效。在本田和井深之间，虽然有着许多的不同点，但在人生与哲学两方面有着共同的基础。甚至在井深与本田创业30年后以苹果计算机、iPhone、iPad等产品不断挑战创新高度的史蒂夫·乔布斯，也同二人的哲学有着共通之处。

哲学，也可以说是"自由学科"，在英国也被称为"可转移技能"，是一种能够将自己的知识随着时代的变化和环境的不同而自如应用的能力。从希腊、罗马而来的"教养"，是指具有独立人格的自由人必须掌握的学问，是使人类得到自由的学问。

以人类幸福为最终目的的井深、本田、乔布斯，之所以重视哲学，原因正在于此。

就算出现了与自己不同的价值观，也要做到包容它，同时不放弃自己的立场。要辩证地将二者有机地结合。这正是井深与本田二人思想的特点。这样，人类就得以实现自身的成长。通过联系、通过对他人的关心与爱，可以实现人类的成长。也就是成为一个"真正的人"。一个"真正的人"到底意味着什么？

意味着因为人作为独立的个体拥有自觉性，所以能够包容同样作为独立个体的他人。像这样，超越差异的壁垒包容他人的态度，在世界四分五裂的当下，正是应该被我们重视起来的。

机械化、高科技越是发展，人与人之间的联系就越重要。需要有一些人，能够包容他人、能够在实际中与他人友好相处。（此处有删减）到了21世纪，人、感情等因素变得越来越重要。因此人类有必要对自身更加精益求精、时刻注意重视人与人之间的联系。[44]

井深这样说道。

---

**注释：**

1 井深大 [2010]，《我的朋友本田宗一郎》（Goma 书房新社）32 页。初次出版为 1991 年、Goma 书房刊。

2 盛田昭夫 [2012]，《【新版】MADE IN JAPAN——我们的体验型国际战略》（PHP 研究所）53—54 页。

3 *Family* 故创立者井深大・最高顾问追悼特别版（1998 年 4 月索尼公司发行）20 页。

4 同上书，30 页。

5. 同上书,2页。据说记载于20世纪70年代的索尼公司介绍"This is SONY"。

6. 同上书,64页。原出处为井深大"母亲的努力和自觉是'育人'思想的来源"*Family*,1991年1月刊。

7. 2009年开始,以索尼员工提倡的"无法舍弃充满了回忆的书包""想要做一个对世界有用的人"为契机,作为发展中国家教育支援、社会贡献的一环,"书包再利用计划"开始。在国际NGO:JOICFP的协助下,寄给了没有教室上课但需要书包的阿富汗的孩子们。http://www.sony.co.jp/SonyInfo/csr/ForTheNextGeneration/ransel/。

8. 前述*Family*故创立者井深大·最高顾问追悼特别版18页。原出处为*Family*,1989年3月刊。

9. 前述《我的朋友本田宗一郎》100页。

10. 前述*Family*故创立者井深大·最高顾问追悼特别版64页。

11. 据井深亮回忆,姐姐当时被诊断为智力发育迟缓,但根据现在的医学知识来看,有自闭症的可能。井深亮[1998],《父亲井深大——作为经营者、作为教育者、作为家人》(Goma书房)24页。以下记作《父亲井深大》。

12. 同上。

13. 前述*Family*故创立者井深大·最高顾问追悼特别版19页。原出处为杂志《幼儿开发》每期上所记载的井深的"每月的话"1985年8月刊。

14. 原出处为井深大的《妇女公论》1962年12月刊的投稿。本书中摘自前述《父亲井深大》29页。

15. 前述《父亲井深大》27—28页。

16. 原出处为井深大的《妇女公论》1962年12月刊的投稿。本书中摘自前述《父亲井深大》30 页。

17 前述 *Family* 故创立者井深大·最高顾问追悼特别版 26 页。畑田和男追忆井深的话。

18 原出处为井深大的《妇女公论》1962 年 12 月刊的投稿。本书中摘自前述《父亲井深大》37 页。

19 20 世纪 70 年代后,世界上兴起学生运动。一部分暴力的大学生运动中所体现的日本教育的巨大问题,也是井深开始关心教育的原因之一。前述《我的朋友本田宗一郎》105 页。

20 井深大 [2012],《井深大自由豁达且身心愉悦——我的简历》(日经商业人文库) 196 页。以下记作《自由豁达且身心愉悦》。原出处为 1989 年 11 月公司内部报刊,任理事长时对幼儿开发协会的期望。

21 后来 M·I 实验室也继续以脉诊为中心进行研究,但重心转向了东方医学与西方医学的结合,http://techon.nikkeibp.co.jp/article/INTERVIEW/20140117/328171/?ST=health。前述《父亲井深大》154 页。

22 前述《父亲井深大》148 页。

23 关于资生堂的记述,来自一条和生 [1998],《价值经营——知识管理》(东洋经济新报社) 31—64 页。

24 前述《父亲井深大》126 页。

25 前述《自由豁达且身心愉悦》196 页。原出处为 1989 年 9 月公司内部报刊。

26 前述 *Family* 故创立者井深大·最高顾问追悼特别版 19 页。原出处为 1992 年的管理聚会。公司内部报刊 *Times*,1992 年 1 月 30 日刊。

27 这段情节摘自前述《自由豁达且身心愉悦》167 页。

28 小林康夫·船曳建夫编 [1994],《知识的技法》(东京大学出版会) 3 页。

29 E.胡塞尔著，细谷恒夫·木田元译[1993]，《欧洲科学的危机与超越论的现象学》（中央公论社）69页。

30 前述《父亲井深大》139—140页。

31 同上书，25页。

32 前述《自由豁达且身心愉悦》195页。原出处为1989年4月公司内部报刊中的入职仪式讲话。

33 前述《父亲井深大》154页。

34 前述 *Family* 故创立者井深大·最高顾问追悼特别版17页。原出处为《周报》1977年5月12日刊。

35 同上书，19页。原出处为1992年的管理聚会。公司内部报刊 *Times*，1992年1月30日刊。

36 同上书，24页。

37 前述《父亲井深大》89页。

38 前述《我的朋友本田宗一郎》32页。

39 前述《父亲井深大》48页。

40 前述《我的朋友本田宗一郎》19页。

41 同上书，16页。

42 关于本田宗一郎的评论，来自本田科技工业内部影像资料"Top Talks"。

43 2010年iPad问世时史蒂夫·乔布斯的发言。Steven Johnson, Marrying Tech and Art: Steven Johnson on the magic of his first Mac-and how it changed his life., The Wall Street Journal, August 27, 2011。

44 前述《自由豁达且身心愉悦》196页。原出处为1989年5月内部报刊，答创社43周年采访。

# II 今天，我们应该向井深学习什么

在井深逝世将满 20 周年的今天[1]，我们应该向他学习些什么呢？接下来，我将从以人为主体的知识创造与经营、思想的管理以及知识中的人性这三个角度进行归纳。

## 1. 以发挥人类与生俱来的能力为中心的知识创造与经营

### 科学是最人性的

作为领航者，索尼技术的终极目标是"为了人类幸福"——井深一直坚持着这一坚定的信念，即不是为了技术而发展技术。在东京通信工业创立宗旨中，明确记载着公司的成立目的：

一、积极复兴日本、提高国民文化水平的技术开发以及生产活动。

二、在战争期间立即将各领域先进的技术应用于人们的生活。

这就是自始至终以人为本的井深,这就是自始至终为了人类的幸福而努力的井深。这样的信念贯穿了他的一生。对他来说,科学是最人性的东西。井深这样回忆自己的人生:

不管是我凭着自己的经验拆解电铃、制造无线电来感受科学机械的"温度"的时候,还是科学技术发生巨大变化的今天,对我来说,科学都是与人类生活最密不可分的、最有人性的东西。[2]

井深在追求人类幸福的同时,也实践着人类最为理想的存在方式。井深以他自己的人生,诠释了人类的魅力与生而为人的精彩。就这样,大家都被井深的魅力所吸引,开心地与他一同工作、一同生活,在这一过程中攻破了许多技术上的难关,创造出一个又一个优秀的产品。江崎玲于奈说:"井深先生,您还真有着一种吸引技术人才的企业家独有的魅力。"[3]

那么,井深"吸引技术人才"的方法到底是什么呢?这方法,不是经营学所讲的"项目管理"那样的富有逻辑性的方式,而是大家自然而然地被井深其人所吸引。是井深本人全神贯注地不断挑战创新、极富人格魅力的样子,吸引了许许多多的技术人才。并且,井深作为一个榜样,也激励着被他吸引的人们去不断追求自身的提高、不断发挥人类本来的魅力。因为对于井深来说，开发人类与生俱来的能力的行动——"育人"，是他毕生的事业。井深曾这样说道：

希望大家可以认真地思考如何最大限度地发挥自己的才能、自己工作的价值。对于一个人来说，寻找能够最大程度发挥自己能力与魅力、不断提高自己的地方，既是权利也是义务。不可以依赖别人，因为没有人比你自己更懂你。[4]

## 创造知识的企业——索尼

人类主动的知识创造是井深一直以来的理想；人类主动的知识创造活动是未来创新的源泉。在知识创造理论中，这两点得到了体现。被定义为"真正合理的信念"的知识创造，来自人类在自己的实践过程中所产生的强大的思想。井深的未来性的创造，也正是他强大思想的产物。江崎玲于奈这样说道：

过去的成果自然已经被我们很好地保存了起来，然而，未来仍旧是未知数。但是挑战也只有在探索未知时才会出现。井深先生，您的成就并非只停留于理论，您是少有的能够凭着敏锐的直觉去向未知发起挑战的人。[5]

井深也承认自己曾经凭着感觉做出判断。[6]在自己主观愿望驱使下成立的集体中,人类的知识创造活动会在与他人相互作用的过程中变得活跃起来。也就是说,个体的思想在集体中不断被合理化,这是一个基于人与人之间联系的、社会性的、充满活力的过程。[7]

虽说井深没有使用"知识创造"一词,但他一直强烈地意识到了"知识"与"知识创造"的重要性。"选择制品要精益求精,敢于直面技术上的困难。不追求数量的多少,而是要努力开发出符合社会需求的高科技产品。另外,应当避免只开发电子、器械的单一模式,要将两者结合,保持自身开发创新的个性,制造出无法被超越的独创产品。"井深设定的这一经营方针,正体现了对"知识创造"的追求。这也决定了索尼的经营战略。正因如此,索尼才能不断地开发出"特丽珑"单枪三束彩色电视、随身听、PS游戏机等令世界瞩目的创新产品——也就是知识创造成果。井深,创造了一个世界独一无二的、具有强大创新力量的知识创造企业——索尼。另外,井深之所以开始关注新范式、东方思想、东方医学等领域,也是因为他注意到一直以来基于近代合理主义的知识存在方式,存在着一定的局限性,从而感受到了强烈的危机感。在新范式中,井深就是想要强调改变知识创造的方法论的必要性。人类的知识创造，才是他毕生的追求。

在集体活动中，知识是立足于竞争前列的根本。以企业为例，知识无处不在，在价值链的各个环节都有可能产生。在研究开发部门，知识可以以新技术的形式诞生。新技术的开发，才是企业在竞争中立于不败之地、实现自身发展的重要因素。另外，在人才开发部门，知识的另一个诞生形式是Action Learning。通用电气公司就是通过它，培养并启用了许许多多具有领导能力的人，这些人不论在通用公司还是在其他地方，都扮演着重要的角色。从人才开发与攻克集体难题的实践中形成的通用电气公司的人才培养方式，被广泛用于企业的人才培养、领导层开发活动中。如果是经常在亚马逊购物的Prime Account（译者注：电商亚马逊的高级用户），只要下单订购带有"Prime"字样的商品，那么货品就可在当天送到。在这样的服务背后，物资管理的相关知识不可或缺。另外，在制造领域，丰田创造了它独有的生产方式——TPS(Toyota Production System)。有了这一生产方式，丰田得以用最低的成本制造出最高品质的产品。因此，曾经只要停止了生产线就会被解雇的员工们现在被赋予了只要发现问题就可以停止整个生产线的权力（译者注：丰田生产方式中具有"停线"制度）。

像这样的制度的诞生,就来源于对生产领域的旧知识的否定以及范式的转变。在销售、贩卖领域,7-11便利店(译者注:日本伊藤洋华堂公司所属便利店,原属美国南方公司)已经创造出了"单体商店"这一全新的经营模式。每个店铺通过即时下单,来使店铺销售的商品更符合顾客的需求,

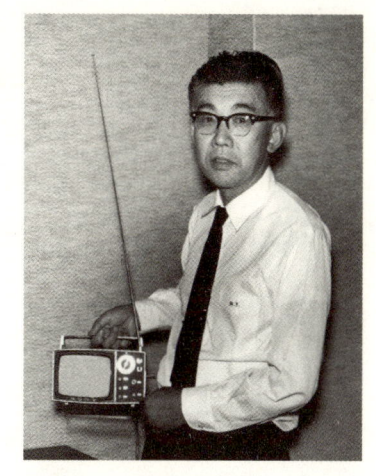

世界最小、质量最轻的全晶体管车载电视机"TV5-303"发售。1962年 54岁

同时也减少浪费、滞销的商品数量。这样,"便利店"这一新的零售形式就诞生了。

美国通用公司的强项在于人才培养,亚马逊公司的强项在于物资管理,丰田公司的强项在于生产,"7-11"的强项则在于单店经营。这些企业之所以能够在各自的领域成为"领头羊",不断发挥自己的优势,就是因为他们各自在核心业务的进行过程中采用了新方法、新体系,也就是创造出了新知识。知识创造,正是企业在重视知识信息的21世纪立于不败之地的关键。[8]

**井深的知识创造企业管理之道**

井深期望东京通信工业和索尼的员工都能够朝着"建设一个尽情进行知识创造的公司"的目标努力。具体来讲,就是"建设可供技术人员将技能尽情发挥的场所——自由豁达、使人心情愉悦的理想工厂"。一个严肃的工程师,应该是关注哲学、信念坚定的人。任何一个严肃的工程师,不论年龄大小,井深都会给予他展现自己的舞台。这是井深在自己的PCL时代向植村泰二学到的,也成为他管理的基本方针。

我认为物理、科学等都只是道具,只要有必要,不论什么时候开始学习都不晚,但是哲学,或是一个人的信念,却不是随随便便就可以养成的。因此,我觉得有必要进行这方面的相关学习,并将对这方面感兴趣的人们不断集中起来。[9]

在索尼,井深一直都非常需要学习哲学的人才。实际上,如果不去学习哲学、提高自身素养,那么个体就无法基于集体的利益而做出正确的判断。不论是物理还是科学,都是建立在素养积累的基础之上。上智大学的荻野弘之教授曾说:"决定人是否能够确立适合自己的欲望和目标的,是正义、勇气、克制等这些我们一般称之为'品德'的一个人的性格。"[10] 这些是需要在提高自身素养的过程中慢慢积累起来的。因此，素养的教育不容忽视。

在英国，一个人在进入大学之前必须要将个人素养提高到应有的水平。在各个学院，学生们会通过与个别指导老师（tutorial）、监督老师（supervision）或是同学之间的交流，将素养与专业结合，在活用自己专业知识的过程中，加深自己的素养。美国名校哈佛大学和著名的美国卫尔斯利女子大学，其教育都是围绕着素养的提升进行，而专业课程则会在研究生阶段开设。

与这些国家相比，战后的日本，在素养教育方面没有足够的投入，大学的素养教育也没有受到足够的重视。在旧式高校中，素养教育非常受重视，而现在，各个高校将重心转向了就业活动（虽说也出现了一些提倡素养教育的新大学，这一点非常可喜）。这样的话，就无法形成人类应有的做出正确判断的基础。

只有能够超越时代的界限阐释人类本质的哲学和文科知识，才能在我们进行知识创造时，帮助我们做出正确的判断。近年来，越来越多的企业开始在人才培养的过程中重视素养教育，或许也是因为感受到了一份危机。如果没能在学校接受足够的素养教育,那么这就需要自己或是在集体中补上这一课。

"员工要通过严格选拔,精简员工数量,避免流于形式的职务等级制度,一切以秩序以实力为准、以人格主义为本,使每个个体的技能得到最大限度地发挥"——这就是在奖励每个个体的创新行为。井深一直在为创造使员工秉持着坚定的信念向新事物发起挑战的工作环境而努力。这样的理念,即使在索尼成为世界性企业后也被传承了下来。即使索尼不断壮大、时代不断改变,井深对建设"员工能够从工作中体会到快乐""沉浸其中无法自拔"的活跃的工作环境的期待,依然是索尼不曾动摇的管理原则。这不仅是人员管理的制度,也是基于"建设开放阳光、心情愉悦的企业文化"这一理念,按照创立宗旨的指导方向,一点一点地积累而来的坚实基础。

**将要失去知识创造场所的危机感**

在集体中的知识创造活动还有一个本质的特征,那就是既定的"场所"。也就是说,知识创造的环境是被物理上的空间、时间以及这一场所内的人际关系所限定的。

丰田将解决问题的方法视作在竞争中获胜的决定性因素,这些方法从"场所"中来,也就是从发生问题的生产现场中来。

因此，丰田公司给予了每个生产线员工停止生产线的权限，促使他们在与上司说明情况的同时找出解决问题的最有效办法。同样，"7-11"也认为，对某一商品的顾客需求的掌握也要属于"场所"，也就是每个店面。公司为了使每个"现场"独立，并不会向每个店铺下达备货的指示。因此，在"7-11"，顾客对商品的需求情况这一"暗默知"，掌握在各个店铺的手里。具体来讲，包括非正式员工在内的店里所有工作人员，都要通过平时店内的观察和商品的销售情况以及同事间分享的商品信息来做出判断，将顾客对于某一商品的需求从"暗默知"转化为"形式知"（也就是转化成为具体数量），从而决定接下来的下单数量。然而，人类并不完美，下单失误也时有发生。通过销售数据，可以知道下单的数量是否合适。销售数据所显示的结果，可供下次的知识创造活动（实现没有商品剩余也没有缺货情况的理想订单）参考。集体中的知识创造活动，必须保持着动态的发展。

丰田与"7-11"的共通点在于，以人类的思考能力和人类的知识创造活动为前提，进行核心业务的建设。这一点，在索尼也是一样的。

因此，井深最担心的事情，就是索尼无法再进行以人为主体的创造活动。井深一直处于索尼公司失去知识创造场所的危机感中，时刻在为公司敲着警钟。早在1961年，井深就曾这样写道：

在15年前索尼公司刚刚起步的时候，除了我们的身体和精神以外，还拥有些什么？除了不屈不挠的意志、索尼精神和集体的力量以外，我们还有哪些财产？

在这种情况下，"人与人的和谐""团结、协作"像泉水一样喷涌着。但在现在气派的建筑物中，我们却任这些曾经的精神慢慢沉睡，这是何等的悲哀，何等的可怕！我在感受到恐惧的同时，还体会到了深刻的道理。更感受到了我肩上的责任。[11]

6年后，井深还感叹道，索尼已经失去了青春活力。

前段时间，我花了一个月时间去了一次欧洲。在欧洲的一个强烈感受就是，每个国家都有着一种"老大国"的感觉，感受不到一丝年轻的气息。（此处有删减）而回国后，当我看到索尼的现状时，竟强烈地感到索尼也与欧洲各国一样，呈现着一种衰老的感觉。[12]

井深早在创立15周年时就感受到的危机，只是杞人忧天吗?或者说,正因为井深早前提到了这种危机感,索尼公司的所有人才会幡然醒悟,将曾经不屈的意志和索尼精神唤醒。

然而,实际上是井深和盛田两个人领导了随身听的策划和商品化。开发随身听的契机,是"能不能在小型磁带录音机上,稍稍加上一个立体声线路呢?"对于井深(时任名誉会长)提出的"只要可以播放就可以了"的提议,当时的经营干部坚决反对,表示无法录音的磁带录音机肯定不会畅销的。但是,是盛田最终坚决支持了这一提议。如果执行先提出策划再试生产这样的常规手续,也许这款产品就不会诞生。要求制作该产品的是年逾古稀的井深,而努力将它商品化的是年近花甲的盛田。对此井深感叹道:

去年下半年最受人瞩目的商品就是随身听。这是盛田董事长与我决定生产并商品化的产品。还有比这更难以启齿的事情吗?这样的商品提案明明应该从大家那里提出来才对。[13]

井深非常惧怕索尼精神最终消失殆尽。

这意味着无法再进行以人为主体的创造活动,意味着索尼不再是索尼了。索尼不再是"可供技术人员将技能尽情发挥的场所——自由豁达、使人心情愉悦的理想工厂",也就是说无法再进行创新，那样索尼便不复存在了。

## 2. 思想的管理

### 人类自身管理偏离正轨的"丢失的 20 年"

日本的企业，一直是以年功序列、终身雇用为前提，在员工入职后的一段时间里，比起个人的表现，更重视使员工接受企业的工作方式和价值观。老员工们即使并没有被命令带新员工，也会来来回回地对新员工进行"培训"，这与职务规定完全无关。在泡沫经济崩溃后，职场的氛围却发生了很大的变化。企业收益恶化、财务状况变得脆弱。一下子没了力气的日本企业，受到了来自世界的严苛评价。金融机构破绽百出，日本进入了连最受国家保护的金融业都不太平的时代，以往的日式经营企业更没有多少存活下来。在这种情况下，许多日本企业选择采用欧美式的经营手法来使自己"复活"。

对于股东，经营者与其商定利益，并基于此制定经营方针。这时，这些数字会分给各部门，然后每个员工根据这个数字来制定自己的目标数额。理论上，如果每个员工都达到了自己的目标，那么每个部门的目标也就能够达成，整个公司与股东约定好的盈利自然不成问题。

但是，如果无法保证每个人都完成自己的目标数额，与股东的约定利益就无法实现。这是非常困扰经营者的问题。现在，为了确保"个人目标的达成""小组／科目标的达成""部门目标的达成""全公司目标的达成"，大多数的公司都引入了目标管理（MBO=Management Objectives）和成果主义。现在的企业，不得不与一切利害相关进行对抗。如果不能达到经营方针制定的目标，就会受到市场的责难，进而影响股价。因此，可以理解企业为何如此追求数额的达成。然而，如果不让每个人了解到底为什么要达成这些数额，那么数额就只是一堆数字。如果仅仅被命令去完成某一数额，却对这个数额没有一定理解的话，就很难达到这个目标。

"特丽珑"被授予电视界最高奖"艾美奖"手持奖杯的井深大。1973 年　65 岁

最近一段时间，常常会听到"已完成""未完成"这样的词。对一个目标的挑战，并非员工自身积极主动的行动，而是

来自管理层的强制命令。这样的企业越来越多。然而这样的企业，现在正面临着生死存亡的危机。

在收益和财务状况不断被强化的背后，潜伏着巨大的问题。那就是在生产现场，员工们实际上都在被"上头"下达的目标命令驱赶着。员工们就算再努力，也总是逃不过被目标数额"淹没"的命运，疲劳感陡增。加上为了精减人员，公司限定正式员工的人数，如果人手实在不够，只好依靠外包人员。外包业务的存在，使得业务的连续性被切断，"生产现场感"正在渐渐弱化。许多员工抱着一腔热情进入公司，却完全感受不到工作的乐趣，索然无味地过着只为了完成工作量的每一天。这样的后果就是，越来越多的年轻员工选择离开。

现在的日本，正要发生一场工作方式的大变革。加班时间被严格限制，就像"超值星期五"（译者注：指每个月最后一周的星期五，上班族可以在下午提前下班）所体现的那样，以往那种以家庭生活和各种业余生活为牺牲的工作方式被彻底否定了。这件事本身是好事，可是如果不改变工作本身的存在方式，工作方式的变革总有一天会走向失败。

**逻辑性管理的界限**

工作原本就是这么痛苦的事情吗？不是应该更有趣吗？在

工作岗位上发挥自己的创意,将富有魅力的商品献给顾客、献给社会,本来是非常令人激动的、很有意义的一件事情。井深曾回忆东京通信工业刚刚成立的阶段,那是成功开发出磁带录音机的时候:

> 起初,机器充满了杂音,完全发不出正常的声音。经过了一番努力后,机器终于发出了声音。但这时,木原主任和研究员们已经彻夜工作了多日。当拖着这样疲惫的身躯终于录音成功时,大家手拉着手泪流不止。[14]

然而今天,工作的意义以及工作的喜悦正在迅速消失。患有"懒癌"(译者注:原文是日本的网络流行语,意为太麻烦了所以不想做,形容一种消极的态度)的人正在增加。"建设可供技术人员将技能尽情发挥的场所——自由豁达、使人心情愉悦的理想工厂"这句话所提倡的内容,难道在日本再也难以实现了吗?对于索尼是否会陷入与其他企业同样的境地,井深抱有强烈的危机感。

随着公司不断壮大,组织和公司中常年积累的惯例越来越被重视,这些东西开始和所有的行动挂钩。(此处有删减)实际上公司中需要的,并不是组织和惯例。而是将需要做的事情,付诸实际的行动。[15]

当然,成果主义和MBO告诉大家,如果能够得到一定的工作成果,相应地也会得到丰厚的报酬。为了达成最初的目标,只要定期地做出评定,经营目标就一定会实现,不管是公司、员工、股东还是顾客,或者是下属、上司、经营者,大家好像都处于双赢的地位。乍一看,这样的想法没有任何破绽。

然而,无论以MBO为基础的经营理念多么具有逻辑性、细节多么完美,如果其中没有员工的"思想"、没有为顾客和社会乃至地球和人类着想的意识,成果也只是最后得出的一串数字罢了。创新与创造,也只会沦为为股值和利益服务的手段。"创新性"这种东西,也会逐渐被"明码标价"的世界抛弃。这就会在较长一段时间内,导致工作本身变得虚无。数字和理论就是一切,结果意味着全世界。这就是在MBO之下运作的世界,也就是所谓的"左脑管理"的价值观。这是它的特点,也是它的局限。

仅仅依据MBO进行管理,人类自身的思想就会变得无用武之地。这时就需要某种能够促进员工激发自己思想的管理方式来填补空白。

**用思想创造未来**

井深作为优秀的工程师,在商品开发过程中比起技术和逻辑性分析,却更加重视思想。

大多数的政府机构、大企业等,都是依靠系统才得以运作。只要这一系统存在,从某种程度上来讲,哪怕整个集体没有人的意志,也可以继续运作。如果在一个非常平稳的、顺畅的环境下,那么这个组织确实会自动地维持下去,但如果是在一种充满了变化的非常时期,缺少了人的意志,整个集体就会难以运作。[16]

井深不仅和员工强调思想的重要性,也同样这样教育自己的儿子。对于井深亮来说,父亲的这句话印象最为深刻:"最关键的就是你自己想要做什么。"[17]

井深和本田两个性格和行动方式完全不同的人的交往,之前通过井深的"追求叠加效果"的特点进行了解释。但是就如前文所说,追求叠加效果也要在彼此拥有共同点的基础之上。在井深与本田之间,这种共同基础就是"以人为本"的哲学思想和"用思想创造未来"这一对待未来和创新的方式。

井深说,不管是自己还是本田,严格来讲都不能被称作技术专家,从某种意义上来说还都是"门外汉"。这是因为,自己和本田对于达成某一目标有着很强的执念,为了达成目标,不论什么样看起来莫名其妙的手段都会去尝试。在这"灵光一闪"的背后,严谨的考量往往会被放在第二位。不过反而因为这一点,两个人从未被技术禁锢——不会去证明某件事情是自己确实无法做到的,而是会选择继续挑战。从这个角度来说,两个人不是专家,而是充满了初生牛犊不怕虎的勇气的"门外汉"。

我和本田都不是因为自己掌握着某项技术,才打算通过这项技术来为自己谋取些利益。我们两个的初衷,都是想要去认真地做某件事情。这是我们的目标。并且我们都很讨厌模仿别人,所以就会一下子制订一个宏伟的计划——想要做出一些前所未有的东西。有了这一远大的目标,这才开始思考接下来自己具体应该怎样去做。[18]

创新与逻辑性分析之间的关系并不是必然的。有时创新也会诞生于某一强烈的非合理的想法。本田宗一郎本人验证了这一观点。[19] 在当今的环境技术领域,日本的机动车产业处于领导地位。说到这里,大家也许会认为是指丰田普锐斯的开发。实际上,这一来源远远早于普锐斯的开发,那就是本田 CVCC

站在半导体彩电生产线旁的井深大。1960年左右

(Compound Vortex Controlled Combustion 复合涡流调速燃烧方式)发动机的开发。这一发动机的诞生,将日本的降低尾气排放技术带至世界领先地位,具有着重大的历史意义,并且到现在依然在世界上广受好评。

1970年(昭和四十五年),美国颁布了《清洁空气法》,严格限制汽车尾气的排放。美国的各个汽车生产厂家开始了打倒这项法案的行动,三大巨头(译者注:通用汽车、福特汽车、克莱斯勒汽车)联合起来进行抗议活动。因为从财政方面来讲,如果要研发符合《清洁空气法》的发动机,需要一笔巨额资金,这显然不是一笔合算的买卖。这样的想法，从逻辑上来讲确实很有道理。然而仔细想一想，为了适应以目前的能力无法应对的《清洁空气法》而进行的引擎开发，实际上是一种创新、一种对未知的挑战。企业中已经掌握的数据和经验只是过去的资源，再怎样对这些旧知识进行分析，也不会找到出路。三大巨头通过回避这一法案，保住了投资和开发资金。但是与此同时，也失去了开发环境友好型发动机这一宝贵的创新机会。

本田公司的想法与它们不同。虽然本田的资金支持远不及三大巨头，但还是决定要挑战符合《清洁空气法》的发动机开发。本田当时提出了这样一个问题：解决对人类健康不利的难题，是不是正确的决定？因为本田公司的开发工程师人数有限，为了这次的引擎开发，投入了多达70%的人员力量。之所以将这么多的人力集中起来进行一件产品的开发，就是因为本田意识到，在人类可持续发展的前提下生产，就是机动车厂家的使命。

这是一次超越了平常的、为了全人类的高尚判断。1972年，CVCC发动机诞生了。这一发动机搭载于同样是本田开发的机动车"思域"上，出口至美国。正在这时，意想不到的事情发生了，那就是石油危机。汽油价格飞涨，节省燃油费的"思域"汽车在美国收获了很高的人气。关于人类健康和幸福的正确判断,为本田带来了腾飞。这与意图打倒《清洁空气法》(这一法案在1974年废止)的三大巨头形成了鲜明的对比。

**充满了思想的计划才能成就未来**

当今,经济全球化极速推进,世界对企业的创新要求也越来越紧迫。如果只追求在短期内迅速提高业绩,缺乏确保中长期发展的土壤,企业总会在未来的某处搁浅,最终葬身大海。不重视思想的重要性,或者是即使意识到了思想的必要却又忽视它的存在,拖着整个集体疲软的身躯,还遵照着MBO的法则去追求短期的业绩——这就是最近一段时间日本企业的状态。在近年来越来越注重企业权力安排、完成股东要求的压力越来越大的形势下,这样的倾向也越来越明显。仅仅凭借MBO这样的"左脑管理",企业经营越来越难以维系,人们还是有必要意识到人的思想在组织中的重要作用。这才是我们最需要向井深学习的地方。

在东京通信工业成立之际,井深还提到"志同道合的人们自然而然地聚集在一起,(此处有删减)在长时间积累起来的彼此之间的默契的基础上,自然而然地开始合作"。[20] 思想的共鸣与分享,是公司成立的基础。井深也正如公司成立初期所说的那样,一直以所有员工的思想为基础进行着公司的经营与建设。这就是"右脑管理"。"右脑管理"意味着发挥"思想的作用",同样可以称之为MBB——"思想管理"(Management by Belief)。

正因为有了思想这一因素,才有了对数字的责任。"责任"不是强制性的,而是发自内心的。因此,MBO必须有MBB的协助,才能够发挥其效用。接下来这一段井深的发言,就是在强调先要有思想,才可以去追求数字,并陈述了MBO与MBB联动的必要性。

当我看了最近索尼的产品,发现130个目标,减少为120个,再减少为110个,最后只有90个能够达到。对此,我还是希望大家能够延续索尼的传统,以130个为目标,真正地花心思去好好琢磨如何才能将这个目标完成。[21]

## 3. 知识中的人性

**重视非合理知识**

井深的一大特点,就是不被思想禁锢,对数字或者文字无法表现出来的内容——"暗默知"非常重视。比如说,"气""对东方医学的关心",以及范式转换、比技术能力更强的直觉。

这其中共通的就是对"暗默知"的重视。

技术革新中最本质的东西,就是在世界上引起革命,创造出新的东西、发展产业。因此就不必再提收入翻倍什么的那些充满铜臭气的事情了。[22]

在这里井深想要表达的,是不应该将收入翻倍这样的数字定为目标,而是应该重视掀起革命的野心。井深所重视的"暗默知",也就是"非合理"知识,在AI(人工智能)掀起第三次浪潮的今天,变得更加不容忽视。

当今时代,第三次"人工智能热"正在发生。[23] 人工智能的历史可以追溯到20世纪20年代。电脑性能的历史性进步(运行速度和容量)、可用的电子数据的数量和种类的爆发性增长,以及多年来一直被当作研究对象的"深度学习"技术等人工智能学习方式、遗传算法等领域的发展,都在支撑着今天的人工智能热潮。人工智能的应用,尤其与人类的竞争,首先表现在游戏领域。2011年(平成二十三年),在美国著名的电视问答节目 *Jeopardy*[24] 中,来自IBM的人工智能Watson在二人对决中获得胜利,从此开始,AI开始了飞速的进步。[25] 人工智能战胜人类的例子,同样在象棋(AI象棋)、围棋(Alpha Go)

领域不断出现。在知识竞技领域，人工智能所展现的超过人类的出色能力让人们震惊。因此，Watson 在"Jeopardy!"中取得胜利后，收到了来自企业、医院、大学等机构的邀请，表示想要将它应用在工作和商业中。在医疗、保险等诸多行业，多年来一直在进行着 Watson 商业应用试验项目，最终 IBM 确定了将其事业化的目标，于 2014 年成立了 Watson 事业部。

经历了计数器时代、能够编程的程序时代，人类来到了人工智能时代。人工智能学习系统被广泛应用于制药、保险、医疗甚至是饮食产业，在各种领域发挥着重要作用。这也促进了人类不断拓展自己的能力。突破肉体、信息传播以及生产能力的界限，可以说现在的人类正在突破各种各样复杂的界限。人工智能正在引发人类认知能力的颠覆性进步。

另外，人工智能向人类发起的挑战并不仅仅限于游戏竞技领域，在一些一直以来都是由人类完成的创新工作领域，也开始出现了人类被人工智能代替的情况。在美国，一些新闻报道已经交由人工智能完成，[26] 还可以使用人工智能撰写小说[27]、绘画[28]以及作曲[29]。这一事实完全颠覆了人们"只有人类才有创造力"的固有认知。这种倾向并没有停止的趋势，可以预测，人工智能代替人类的情况在各个领域都会出现。

著名的野村综合研究所与牛津大学的 Osborne 副教授合

作进行了一项研究[30]。研究显示,从技术层面来讲,日本约49%的劳动人口能够被人工智能取代。在对日本国内602种职业的定量分析数据进行研究后,研究者们得出结论:特别的知识、技术、不必要的工作以及主要任务是分析数据和系统操作的职业,有很大可能性被人工智能替代。另外,在艺术、历史学、考古学、哲学、神学等文科类领域,以及需要与他人合作、相互理解、相互说服、谈判的工作领域和具有服务指向性的领域中,人类很难被人工智能替代。

有关人工智能代替人类劳动的大胆预测,刺激着各领域的神经。如"80%的银行工作将来都会被交给人工智能""虽然需要修改相应的法律和技术,驾驶甚至也会被人工智能取代"等,人们预测各领域中"谁都能够胜任"的工作迟早都要被人工智能取代。2016年美国总统候选人竞选中不被看好的伯尼·桑德斯最后通过"死守人类雇用"这一观点赢得了大把的选票。从"桑德斯现象"也可以看出美国人面临的被人工智能替代的危机是多么的严峻。

今后,在引进人工智能的企业中,"如何处理被人工智能替代的员工"将成为人事管理中的重要问题,今后的人才雇用方针也需要将人工智能这一因素纳入考虑范围。如果保住了工作不被人工智能替代,那么所得的报酬也一定会受其影响相应有所减少。探索应用人工智能的商业模式、人工智能与人类共存的新型业务方式和管理方式，成为企业的当务之急。

如果对人工智能在商业中的应用进行具体的探讨，经营层、管理层需要将"与人类的共存"以及"人与人工智能"作为中心课题，对新型业务方式进行探索。包括文化变革的企业整体的根本性变革，也需要将以上课题纳入考虑范围之内。毫不夸张地说，人工智能已经成为企业面临的一大严峻问题。在关注人工智能所带来的社会影响的专家中，有一部分人认为停战后日本发生了巨大的变化，日本的命运也许会被人工智能改变。[31] 在这脱离人类的知识创造活动急速发展的时代，人类的知识创造活动到底该如何存在？这成为一个不容忽视的课题。

**知识创新领域的未来课题**

人工智能对人类的支持，可以分为四个阶段。第一阶段，就是各个领域专业知识的综合运用（人工智能在人类知识创新领域的支持）；第二阶段，新模式和关联性的可视化（人工智能的理解行为）；第三阶段，竞争（人工智能的判断行为）；第四阶段，新实践知识的创新和对新价值的发现（人工智能的发现行为）。[32] 很显然，这一连串的支持行为对人工智能来说不太可能。因为机械的"大脑"并不带有人类通过自身经验获得的大量"常识"。人类通过长时间的进化所获得的"常识"对人工智能来说是完全陌生的。[33] 这种"常识"就是人类能够理解句意、把握状况的基础。比如,微软开发的正在试验过程中的人工智能"Tay",曾在推特上公开支持希特勒,并发表一些支持人种差异的观点。虽然公司立刻终止了实验[34],但如果是一个具有常识的人类,绝对不会有这样的举动。因此,"常识"这一空白必须要由人类来填补。

表1 智与德

| | 私 | 公 |
|---|---|---|
| 智<br>Intellect | 对某个物体的研究之义<br>(机灵的小智) | 区分开事情的轻重缓急,小事暂且放在后面,先做重要的事情,观察时机和环境<br>(聪明的大智) |
| 德<br>Moral | 纯洁、诚实 | 公平、强大 |

【出处】作者根据猪木武德教授关于 Knowledge Forum 的讲义(2016年6月11日)中出现的表所做

常识来源于长年积累而来的暗默知。我们在现实世界中做出的大多数判断,都是根据"常识"。那么,"常识"到底是什么呢?让我们通过经典来对这一问题进行探讨。

福泽谕吉曾说,在常识中智与德二者缺一不可。[35] 他在《文明论概略》中写道:"文明的进步与人类智德相关,智

(Intellect)与德(Moral)是推动文明进步的两大要素。"[36]他还指出,在公、私两个方面都需要追求智与德。

福泽谕吉最为重视的,是"公智",这并不意味着"德"就被他轻视。之所以重视"公智",是因为在日本有着将社会问题归结于道德问题的强烈倾向,福泽谕吉对此非常担忧。[37]他曾这样写道:"这四者中最重要的是第四条:大智。"[38] 所谓大智,是分清楚事情的轻重缓急,能够通过对时机和地点的判断来决定何事优先进行。这与被定义为"对某个物体的研究之义"的"私智"——"机灵的小智"截然不同,意味着"区分开事情的轻重缓急,小事暂且放在后面,先做重要的事情,观察时机和环境"。也就是说,根据局面来对事情的重要性、该优先做哪件事情进行判断的能力才是能够称为"公智"的大智。

### 实践中的智慧

福泽谕吉"大智"的观点,与亚里士多德提出的"实践智慧"有着共通之处。根据亚里士多德的解释,实践中所运用的知识——实践知(practical wisdom),其作用是在有多种正确答案的情况下引导人找到真理。也就是通过实践知,在变幻莫测的世界中,冷静地对"此时,此刻"自己所处的情况进行正确的判断,一边将普遍的原则活用于不同的状况之中,一边做出最正确的判断。亚里士多德将这样的知识称为"实践智慧"。"实践智慧"用英语来讲是 prudence，在日语中可以译作思虑、辨别。[39]

"实践智慧"就是"在关于自己的善与利益方面，要从整体的角度而不是从局部的视角来面对，要秉持更好地实现生命意义这一目标，深思熟虑"。实践智慧是指，能够用逻辑思维通过假设与验证进行理解的学问或技术，用福泽谕吉的话来说，"实践智慧"与"机灵的小智"是不同的。因为在"实践智慧"中，在把握普遍的同时，也要重视"个别"，"实践智慧"是一个在理解多种局面的过程中经过不断打磨而来的知识。经验是培养这一实践知的摇篮，因此年龄就有了意义。随着经验不断积累，实践知也会不断丰富。"当你面临着新状况又不知该如何处理时，答案实际上就隐藏在我们的经验与常识之中。"[40]

在索尼的经营理念中，大智、"实践智慧"也有所体现。看到聚集在东京通信工业的同事们"真诚的理想"与正在重建的日本企业的理想状态不谋而合，并深感到"莫大的喜悦"。东京通信工业成立的目标，也是"'重建日本、助力文化进步'。正因为公司的目标不是一味地追求规模，所以要竭尽全力做好产品的筛选工作，将重点放在开发'社会利用度最高的'产品上"。[41]

**非合理性在知识创新中的意义**

在计算与人工智能的繁荣发展方面，或许大多数人都会认为发挥合理的理性思维，才是知识创新的核心所在。然而，如果深入思考，就会发现其实在我们生活的环境里非合理性发挥着非常重要的作用。井深的一生就是一个很好的证明。井深非常看重与家人之间的情感，可一切并不如井深所愿。在家庭关系上，井深没能走上一条顺利的道路，虽然如此，他并没有抱怨、没有对人生绝望，而是仍旧满怀希望地追求自己的理想。由此可以感受到作为一个独立个体的井深的强大。

现实世界与理性并不是一对一的必然关系。"比里当之驴"这个故事[42]告诉我们，一味地追求理性、一味地想要追求一个正确答案是多么的愚蠢。它表明，当人只在合理性的指导下工作时，将得不到任何结果。另一个著名的故事"囚徒困境"告诉我们，"信赖"这一包含了非合理性的概念会给利益双方带来好处。[43]分别被关押的两个犯人，只有在彼此信赖的情况下，才能在互相不知道彼此的证言时还得到对自己有利的结果。如果只考虑自己的利益而去背叛同伙，只说对自己有利的证言的话，理性上看会为自己避免最坏的结果。但是，如果对方也同样以合理性的思维，避免对自己不利的结果的话，最终就是两个人互相背叛,谁都得不到好结果。如果能够互相信赖对方,就不会有任何一方说出对对方不利的证言,最后两个囚犯就可以实现"双赢"。合理性的选择并不会带来"帕累托最优"(译者注:指对有限的资源进行有效的分配,是意大利经济学家帕累托提出的用于进行最佳资源分配的判断标准)。这个故事告诉我们,可以说正是非合理概念的对他人的信赖,反而能够给利益双方带来好的结果。

信赖,也同样是东京通信工业经营的基础。聚集在东京通信工业的员工之间存在着"人格的结合"和"坚定的协同精神",这就说明彼此之间有着强有力的基于信赖的紧密的人际关系。并且,这种信赖不仅限于公司内部。"将业内的大多公司视为知己,最大限度地予以信任"是东京通信工业的一大特长。这样,就能够"通过相互扶持来进行堪比大资本集团的生产活动,打开销路、获得资源"[44]。本田也同井深一样,用信赖将思想各异的员工们团聚起来。

为了人类社会的发展,需要在一定程度上放弃合理性来做出决定。但这样的决定必须要超越个人利益、为了社会全体着想。因此,即使在人工智能飞速发展的时代,人们也必须要做到福泽谕吉所说的基于"大智"的判断、发挥亚里士多德所说的"实践智慧"。人工智能所能达到的只是"机灵的小智",而

"大智"则必须由人类自身掌握。人类必须要牢记"大智""实践智慧"这些非合理力量的意义。在人工智能时代，必须要避免偏重合理性的倾向，非合理性的认知与人类理解力的扩展依然是十分重要的课题。

**企业对暗默知重视的提高**

如果认真思考人工智能的界限与"大智""实践智慧"的意义，就会发现在通过运用人工智能与数字技术来谋求新式商业模式的企业中，"信念"越来越被重视。美国通用电气公司前任董事长兼CEO杰克·韦尔奇在任时，通过确立Value（企业的价值观同时也是员工的行为准则）共享的理念，使这个充满了多样性的国际性企业团结在一起。而现任董事长兼CEO杰夫·伊梅尔特却废止了这一管理模式，取而代之的是以"信念"将整个公司团结在一起的模式。这意味着美国通用电气公司正从根本上改变已经保持了20年的模式。这是一项美国通用公司史上的重大变革，因为伴随着全球化的进程，企业自身的价值共享（Shared Value）是将多样化、复杂化的集体团结起来的有效手段这一道理，就是在之前的20年由美国通用电气公司教给世界的。

在伊梅尔特用"信念"将这个充满了多样性的企业团结在

一起的背后,是通用电气公司向数字技术关联产业(Digital technology related industry)以及数字实业公司(Digital Industrial Company)变革这一大背景。建设工业网络——应用于网络的新型商业模式,为了谋求新的发展,必须从根本上改变员工们的思想和行动。因此,通用公司认为,在这一过程中,比起"价值","信念"更加有效果。[45]就像知识被定义为"真正合理的信念"那样,创新来源于经验积累带给人的强大信念。[46]一定要秉持着这样强大的信念来促进员工们一同创新,并且正是为了这一目标,才要用"信念"取代"价值"来使员工们凝聚在一起。

另外,否定过去的信念也是进行创新的一个必要因素。是否能够成功地构建应用数字技术的新型商业模式,与是否能否定过去的信念有着很大的关系。[47]正如人们对创新中的困难境地所讨论的那样,如果固执于在曾经的旧环境中得出的信念,将无法完成新的知识创造。

一方面,人们对数字化、人工智能等形式知的关注度逐渐增高;另一方面,企业界对暗默知的重视也不容忽视。近年来,"设计思考"理念,超越了地区和领域的限制,广泛地流行并发展起来。它发源于硅谷,以被誉为世界上最具有独创性的工业设计公司"IDEO"为中心。在"设计思考"中,设计师被重用,开发对于消费者来说崭新的商品以及服务。"设计"这一行为正是一种将暗默知转化为形式知的活动。IDEO围绕着被称作"深潜"的头脑风暴式的手法以及"原型法"的活用进行了各种相关开发。[48] 这些成果已经超越了"设计"的概念，在咨询的领域也正被广泛采用。2015年5月，麦肯锡收购了设计公司LUNAR（美）。成立于1984年的LUNAR，是拥有像苹果、惠普、闪迪（译者注：一家设计与销售闪存卡产品的美国公司）等大客户的高端设计公司。咨询公司之所以收购一家设计公司，是因为当今社会"设计思考"已经突破了单纯的设计领域，开始被运用于发现和解决各个公司问题的过程中。[49]

据IBM的基础研究部门介绍，Watson擅长理性分析，相当于人类的左脑功能。今后，将继续研究如何通过电脑程序增加艺术性、印象和图画处理等能力，也就是人类右脑的机能。为了解决这一课题，人们也开始了将人脑的神经元与突触进行电子化——做成"脑芯片"的基础研究，将它作为新的"电脑系统"。脑学家池谷裕二说，大脑会反射性地解释人类进行的每一个动作，并具备"直觉"这一潜意识的反射进程。[50] 因此，电脑是否能够解决"直觉"这一问题，将会是今后人工智能领域的课题。然而，不管是IBM的人工智能还是认知计算，都没有达到超越人类的程度，仅仅是能够辅助人类工作的一种工具。就像之前所提到的,人工智能所达到的还只是福泽谕吉提出的"机灵的小智"。像是计算、记忆等这些人类不擅长的工作,人工智能可以很好地完成。它们可以将人类无法处理的数据在短时间内处理完毕,并且通过运用学习机能,不断提高处理数据的精度。这样,人类能够快速通过人工智能来获得"机灵的小智"。我们应该意识到人工智能不是取代人类进行判断和创造的产物,而是加速人类获得知识的手段。最为重要的,还是人类自身应该发挥"大智",在知识创造的新活动中发挥主体地位。从今往后,将会迎来人类与人工智能共同进行知识创造的新局面。

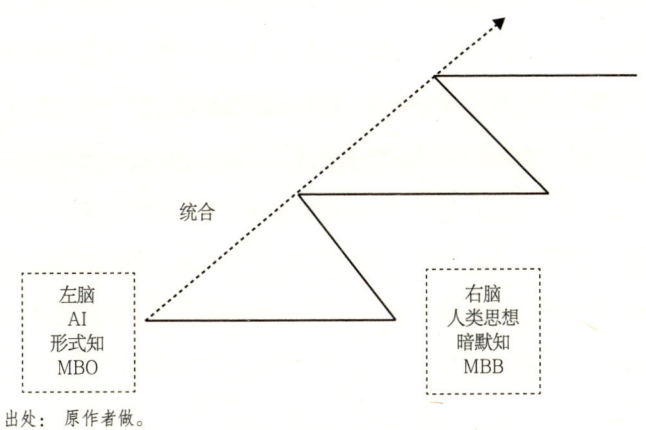

出处:原作者做。

图2 知识创造的进化 新统合

人工智能的登场，可能会催生促进集体进行知识创造活动的新"统合"。也就是包含了左脑、人工智能、形式知和作为这些基础的"MBO"，以及包含了人类的思想、暗默知以及这一切的基础——"MBB"的"统合"。可以想象，有了这样的新"统合"，人类的知识创造活动就会向着更加活跃、更加迅速的方向发展。

在井深的头脑中，既存在着对技术的合理性的认同，也存在着对非合理的暗默知的重视。这也正好佐证了井深认认真真地面对人生的态度。如果一个人永远纠结于人生的合理性，那么他的人生将尽是悲哀。我们人类所拥有的知识只是庞大数量中的一小部分，如果一门心思追求所谓的合理性，那么最终就不得不偏信于不合理的世界。也许井深通过自己的人生已经深谙这一点，在一切非合理性中生活，才叫人生。正因如此，井深的一生，在他去世20年后的今天，在人们面临着数字技术的不断进步、人工智能一步步发展的当今社会，仍然能够告诉我们人类到底应该做些什么、到底应该重视什么。这就是回顾井深一生的意义所在。

**注释：**

1 井深于 1997 年 12 月 19 日逝世。

2 井深大 [2012]，《井深大自由豁达且身心愉悦——我的简历》（日经商业人文库）196 页。以下记作《自由豁达且身心愉悦》。原出处为 1989 年 9 月公司内部报。

3 *Family* 故创立者井深大·最棒的顾问追悼特别版（1998 年 4 月索尼公司发行）61 页。江崎玲于奈在索尼葬社上的悼词。

4 前述《自由豁达且身心愉悦》187 页。原出处为 1969 年 1 月年度经营方针。

5 前述 *Family* 故创立者井深大·最棒的顾问追悼特别版 61 页。

6 前述《自由豁达且身心愉悦》122 页。该评述的原出处为小岛彻 [1993]，《井深大的世界》（每日新闻社）所收录的评述。

7 关于知识创造理论的内容，参照野中郁次郎·竹内弘高 [1996]，《知识创新企业》（东洋经济新报社）。

8 记载该见解的代表文献为彼得·德鲁克著、上田惇生译《后资本主义社会》[1993]（钻石社）。现为德鲁克名著集八（出版社同上、2007 年）所收录。

9 前述《自由豁达且身心愉悦》198 页。原出处为 1990 年 5 月公司内部报，纪念公司成立 44 周年时与大贺典雄的对话。

10 荻野弘之"在实践中运用知性"《人类会议》2006 年冬季刊（事业构想大学院大学出版部）78 页。

11 前述《自由豁达且身心愉悦》180 页。原出处为 1961 年 5 月 5 日内部报中的成立 15 周年之信念。

12 同上书，184—185 页。原出处为 1967 年 6 月内部报。

13 同上书，194 页。原出处为 1980 年 1 月内部报中的年初所感。

14 同上书，72 页。

15 同上书，189 页。原出处为 1970 年 1 月内部报，年度经营方针。

16 同上书，190 页。原出处为 1972 年 1 月内部报，年度经营方针。

17 井深亮 [1998]，《父亲井深大——作为经营者、作为教育者、作为家人》(Goma 书房) 78 页。

18 井深大 [2010]，《我的朋友本田宗一郎》(Goma 书房新社) 27 页。初次出版为 1991 年，Goma 书房刊。

19 以下关于本田 VCC 引擎开发的内容，来自一条和生、德冈晃一郎、野中郁次郎所著 [2010]，《MBB："思想"的管理——知识创新经营的实践框架》(东阳经济新报社) 39—40 页。

20 东京通信工业公司创立宗旨。

21 前述《自由豁达且身心愉悦》186 页。原出处为 1968 年 4 月内部报。

22 同上书，180 页。原出处为 1961 年内部报。文化传播座谈会"日本科技"中再次记载。

23 以下关于人工智能与知识创造的内容，来自一条和生、久世和资共著"AI：开拓非认知的知识创新最前线"《一桥大学商业评论》2016 年 9 月。

24 *Jeopardy* 是有 50 年历史的美国著名电视问答节目。每周星期一到星期五晚进行 30 分钟的播出。题板上会给出五个等级、涉及六个领域的 60 道题目。三位答题者以抢答的形式答题，答对题目后会累计相应的等级的奖金，最后累计奖金最多者获得胜利。Watson 在和 74 连胜的 Ken Jenning、曾获得 3 亿日元的奖金王 Brad Rutter 的对战中赢得了胜利。节目中同样的问题不会出现两次，因此不管怎样记忆往期节目的问题也不会有助于解答。Watson 凭借着出色的自然语言处理能力，对问题进行分析后从自身拥有的 2

亿页的庞大数据库中找出备选答案。其庞大的数据库中，包含维基百科、报纸、《圣经》等。

25 然而IBM并没有将Watson定位为人工智能。而是将它称为Cognitive Computing，意在以更具有实用性为目标。但本书仍然采用比较普遍的"人工智能"这一说法。另外，关于IBM的Watson开发相关信息，参照SteveHamm, Smart Machines:IBM's Watson and the Era of Cognitive Computing,Columbia Buasiness School Publishing, NY,2013。

26 This News-Writing Bot Is Now Free for Everyone, Wired, October 21, 2015.

27 Google has A Iwriting' rather dramatic' fiction as it learns to speaknaturally, Source:http://www.theverge.com/2016/5/15/11678142/google-ai-writes-fiction-natural-language-neural-network.

28 http://www.popsci.com/these-are-what-google-artificial-intelligences-dreams-look.

29 Creative AI: Computer composers are changing how music is made, Soure: http://www.gizmag.com/creative-artificial-intelligence-computer-algorithmic-music/35764/.

30 野村综合研究所发布的"日本的劳动人口有49%的可能被人工智能或机器人代替"。https://www.nri.com/jp/news/2015/151202_1.aspx。

31 "为因AI失去工作的人创造安身之所"——来自数学家的警告，国立情报研究所信息化社会相关研究系新井纪子教授《日本经济新闻》2016年3月30日。

32 IBM总部采访（2016年5月17日）。

33 "AI的弱点——'不懂常识'"《日本经济新闻》2016年2月21日。

34 《朝日新闻》2016年3月25日。

35 福泽谕吉的关于智与德的想法的内容灵感来源于猪木武德教授于世界知识论坛的讲义（2016年6月11日）。

36 福泽谕吉[1995],《文明论之概略》（岩波文库）119页。

37 丸山真男[1986],《读〈文明论之概略〉》（岩波文库）138页。明治时期福泽谕吉对智与德的个人层面重视、对集体层面相对轻视这一问题，只要看看当今政界丑闻也可以明白，即使是现在这个时代也没有改观。

38 前述《文明之概略》120页。

39 关于实践智慧的内容在亚里士多德（前384—前322）所著的《尼科马科斯伦理学》（参照高田三郎译本[1971]、岩波文库出版）中、特别是第六卷第五章中有所总结。其解说参照荻野弘之[2003]，《哲学的盛宴——苏格拉底、柏拉图、亚里士多德》（日本放松出版协会）、荻野弘之"在实践中运用知性"《人类会议》2006年冬季刊77—81页。以及首次在经营学领域对实践智慧进行研究的野中郁次郎、远山亮子、平田透[2010],《潮流经营——可持续创新企业的动态理论》（东洋经济新报社）。其他关于将实践智慧养成作为引领知识创新领导者重要能力的言论，来源于Ikujiro Nonaka and Hirotaka Takeuchi, The Wise Leader , Harvard Business Review, May 2011, pp. 2-11. 译版为野中郁次郎、竹内弘高"贤明的领导者，快弄懂'实践知'"《哈佛·商业·评论》2012年9月刊（钻石社）。另外，本节中关于实践智慧的讨论多来自荻野弘之教授在知识论坛上的讲义（2016年3月12日），以及在知识论坛上与野中郁次郎教授的看法交流（2016年3月12日）。

40 前述"在实践中运用知性"81页。

41 东京通信工业公司创立宗旨。
42 一则寓言。讲的是将驴的路分为两条,并且两条路均在相同距离处放置等量的叶子。驴会因为犹豫走哪一条路而最后在原地饿死。
43 William Poundstone 著、松浦俊辅等译,《囚徒困境——冯·诺伊曼与游戏理论》(青土社)136—171页。
44 东京通信工业公司创立宗旨。
45 Raghu Krishnamoorthy, GE's Culture Challenge. After Welch and Immelt, Harvard Business Review, January 26, 2015 https://hbr.org/2015/01/ges-culture-challenge-after-welch-and-immelt.
46 内容中含有这样的问题意识的书有前述著作《MBB:"思想"的管理》。
47 Marc de Jong and Menno van Dijk, Disrupting Beliefs: A New approach to business-model Innovation, McKinsey Quarterly, July 2015.
48 关于 IDEO 的内容,参照 Kelley Thomas、Littman Jonathan 著、铃木主税·秀冈尚子译《创意进行中的公司!——向世界顶级设计工厂 IDEO 学习创新秘诀》[2002](早川书房)。
49 "使硅谷成为世界第一的'设计思考'的精髓"《日本经济新闻》2016年4月30日。
50 在知识论坛上池谷裕二教授的讲义(2016年4月9日)。参考还有池谷裕二著《关于单纯的头脑、复杂的"我"——一边活用自身一边发达起来的大脑的4个讲义》[2013](讲谈社)。

# Ⅲ 尾声——再次强调重新解读井深一生的重要性

## 从过去开始创造未来

本书也是一部井深的人物传。既然是传记,就一定要记录井深过去的事情。但是,本书并不打算怀旧式地回忆井深的过去。一味地歌颂曾经的东京通信工业有多么优秀、井深与盛田当时的经营是多么出色等是毫无意义的。本书确实回顾了井深的一生,但也在这一过程中思考了未来。就像克罗齐(译者注:意大利政治家、哲学家)所说的"一切历史都是当代史",以及爱德华·霍列特·卡尔所说的"历史是过去和现在的对话"告诉我们的那样,追溯历史的人真正地活在当下,通过与现在的对比,历史才得以不断发展和进步、在被人们解读的过程中不断增添新的内容。

我们虽然不能改变过去,但是通过回顾和重新学习,可以对历史产生新的理解。简单地说,过去无法被改变,但未来可以。因此,在我们想要回顾历史之时,一定要先思考现在和未来。

这也是为什么在回顾井深的一生之前，必须要审视当今的日本、弄清楚现在的日本需要些什么。这才可以确定在回顾井深的一生之时，我们需要将目光聚焦于何处。

**缺乏创新动力的日本**

当今的时代已经与井深、盛田的时代大不相同。位于品川和五反田之间的御殿山，曾经建有许多索尼的工厂和大楼，被称为"索尼村"。现在，索尼的痕迹已经消失殆尽，取而代之的是一些高级公寓。不过勉勉强强留下了一些旧址，如被称为"索尼3号馆"的建筑。在那些高级公寓的一角，有一家十分有名的法餐厅——Quintessence（译者注：米其林三星餐厅），生意火爆，预订十分困难。尽管如此，还是有大批的人涌向御殿山来享用一餐两万日元的法式美食。可是在来到御殿山的这些人中，又有多少人知道这里曾经是井深与盛田奋斗过的"理想工厂"之梦开始的地方呢？

说到人气法餐厅，曾经的MAXiM'S DE PARiS也是如此。1966年，作为法国巴黎的著名餐厅"MAXiM"的分店，MAXiM'S DE PARiS在银座索尼大厦地下三层开业了。促成其开业的就是时任索尼总经理的盛田。当时这里是为大家提供了一种新的生活方式的高级社交场所，也是日本为数不多的能够品尝到纯正法餐的地方。这家餐厅不仅菜品纯正，招牌甜点草莓千层派也收获了很高的人气，在当时，MAXiM'S DE PARiS 是日本首屈一指的法餐厅。这家餐厅于 2006 年被分离出索尼本部，在 9 年之后的 2015 年结束了它 49 年的历史。

在曾经的御殿山"索尼村"，还存在着唯一一处能够感受到原汁原味的"井深-盛田时代"的场所。在现存的索尼旧址——索尼 3 号馆前的高级公寓旁，有一个小山坡。在小山坡的最顶端，有一个小小的两层建筑。在建筑的前面，挂着一块"井深会馆"的牌子。一楼为索尼的历史资料馆，陈列着约 250 件索尼的代表性产品。在看过日本第一个"G 型"磁带录音机以及随身听等各式各样的展示品后，就会再次被索尼的创新性折服。这些全部都是上天对井深"做他人未做之事"这一精神的恩赐。在索尼历史资料馆中，有代表着索尼精神起点的创立宗旨，还有之前提到的"小白鼠讨论"中员工们送给井深的小白鼠摆设。另外，参观者还可以看到井深与盛田录制的讲述"什么是索尼"的视频资料。在这座索尼历史资料馆中，参观者能够领略到由井深与盛田创立的这一世界闻名的创新企业的历史与风采。

但是，如果走出这座资料馆，残酷的现实就会扑面而来。往日让井深费尽心思，最终走向成功，用单枪三束彩色电视"特

获得蓝绶褒章。桌子上放置着员工为了祝贺送来的小白鼠摆件。
1960年 52岁

丽珑"惊艳了世界的索尼公司，在显示屏从显像管到液晶屏的进化过程中，逐渐丧失了它独有的竞争力。现今，在彩电领域大放异彩的是三星、LG等韩国企业。以井深对立体声音乐的追求为契机被开发出来的随身听，将一种"随时随地享受音乐"的新生活方式带给人们的索尼，现今的影响力也变得不敌苹果公司。这种现象并不只发生在索尼身上，当今日本所有的电子生产厂家在国际上的影响力都大不如前。曾经用半导体和电视这些发明震惊了世界的日本电子产业，已经丧失了它的竞争力。

索尼公司是在第二次世界大战结束不久的1946年（昭和

二十一年)5月,以19万日元的启动资金和20名员工起航的小公司。当时,井深与盛田一边为了筹集事业扩展资金而四处奔走,一边带领大家完成了磁带录音机和半导体收音机的开发,在挑战的路上继续前行着。与当时的索尼相比,当今的日本企业并不用为自己的资金状况发愁。

1998年以来,日本企业可以保留内部的盈余公积金猛涨,企业成为最大的储蓄主体。现在日本经济最大的问题,就是企业没有积极地将资金投放在创新活动上。即使日元贬值带来的汇兑损益为正,如果不适当使用这些钱也对企业的成长毫无益处。井深那种通过创新活动来实现企业活跃成长的方法,在当今的日本再也看不到了。

与井深那个时代相比,当今的人们大多都对经营有着一些认识。所谓的技术管理(Management of Technology)的概念在井深的那个时代还不存在。现在还出现了活用技术以获得竞争优势的学科。另外,风险投资、众筹等方式的诞生,使得融资方式变得多样化。尽管如此,人们对创新依旧毫无热情。向未来发起挑战、尽一切所能一边说服周围的人一边努力实现自己的目标——这样的劲头已经在现在的日本企业中消失得无影无踪。

为了融资四处奔波,为了创新的目标向野村胡堂请求筹借资金的井深——不知如果他仍然在世，会如何看待日本企业的现状。现在的日本企业，必须要做些什么来打破这一现状。我们有必要再次确认在创新活动中，到底什么是最为重要的因素。

考虑到日本企业的现状，我们必须再次分析井深的一生所体现的创新之本质。井深用其一生教给了我们，要将"人类本身"作为一切活动的基础。人类是什么？人类的义务是什么？应该如何度过人的一生？人类必须要牢记些什么？在回答这些问题的过程中，自然能够创造未来。

## 以创造人类福祉为终极目标的企业活动

在人们心中，井深一直是一位引领了许许多多创新活动的"伟大的工程师"。在《日本的企业家》这一系列的发刊词中，也将井深介绍为"代表发明层的战后时代的天才工程师"。然而本书向大家介绍的井深，与其说是一位追求技术完美的工程师，不如说是一位在喜怒哀乐之中不失生活希望的、追求幸福的人。这就是一个通过和不同的人相遇不断成长的、真挚地对待生活的井深，一个通过自己的人生告诉人们何为人类本真的井深。从他的一生中，我们体会到了为了研发前所未有的创新产品，不单单拘泥于技术而真挚地与每个人交流的精神，看到了一个真诚地生活的身影，明白了生而为人到底应该如何存在于这个世界上。

井深的一切行动的原点,都在于对人类幸福的思考。

井深曾这样评价自己的好友本田宗一郎的人生:"(本田)不仅仅考虑公司的事情,他经常思考整个世界以及人类如何能够幸福地生活这些问题。他会在自己的工作中实践真正的'真理',并将这一真理贯穿一生。"[1]这也正是井深本人一生的写照。在磁带录音机、半导体收音机、单枪三束彩色电视等这些井深倾注了大量心血的发明背后,是井深想要"创造能给更多的人带去愉悦、能使更多的人感到幸福的产品",想要为人类福祉做出贡献的目标,以及"要将日本变得越来越好"这一强烈的愿望。东京通信工业创立宗旨的序言这样写道:

> 当我们的心血在社会上引起很大的反响,当我们得知新公司即将成立时,心中充满了难以言喻的感动。这份感动与喜悦不仅因为这预示着我们公司光明的未来,还因为这说明我们的理想能够使日本再次强大。

我绝不是一个偏激的爱国主义者。"活在世界上,与这个世界同在"是我的哲学。但因为我生长在日本,因此可以说如果不去思考"日本如何在世界中发展下去、日本能够为世界做些什么"的话，我这个个体也将没有意义。正因为将自己的命运与世界的命运紧密相连，才会有对日本的发展、日本对世界做出的贡献等的思考。因此，井深的一生使我感到强烈的共鸣。

在事业的创造和发展中，到底什么是最重要的？井深的思想引发了我们对此真诚的反省。人们说一项事业的成功，少不了优秀的战略布局。也许是这样的。在战略论中，一直强调成本领先，以及用独特的产品特性来使自己的商品与其他商品差别化。筛选购买产品的顾客被当作制定战略的大前提。这样的思想背后，是持续的经济利益的获取。近年来，著名战略论学者迈克尔·波特正在提倡一种致力于将企业活动与社会课题进行联动的 CSV（Creating Shared Value）概念。但因为其本质也是强调企业收益的持续增长，所以没有什么大的改变。

但是，当我们回顾引领索尼实现了无数产品创新的井深的一生，想要为人类的幸福做出贡献、为人类带来喜悦这一思想，是存在于经济性以上的大义、是经济活动的大前提。仔细想想，人类的经济活动本就该为人类幸福做出贡献，这是理所当然的道理。但正是这理所当然的道理，却没有得到应有的重视。

为人类带来幸福、为社会的发展做出贡献——现代企业理念依然提倡这一使命。可能有人会提出意见，认为没有必要再去提倡将人类的幸福放在第一位。但是，想要为人类带来幸福、并想要为此而用尽一生的这一思想,在井深的时代和当今社会中,有着巨大的差异。井深经历过人类自相残杀的残酷战争,在被军需市场眷顾的同时,井深也哀叹着将技术用于残害生命这一残忍的行为,也许他认为自己也成了帮凶。可是,为了生存他不得不去迎合这一市场,井深有自己的家人,他必须要支撑起整个家。在战争结束、和平的时代终于到来之时,工程师井深如前文提到过的那样,等待着可以用尽自己的人生"真正地决一胜负"那天的到来。"真正"一词有着沉重的分量,因为去迎合军需市场,并不是出于井深本愿的"真正"的生活方式。

认为井深的生活方式、思考方式都与自己非常一致的本田宗一郎曾批判在经营者中存在的德川家康热潮。井深对此如此评价:"本田想要表达的是,那种为了成全一个英雄形象而牺牲许多人的时代的故事,被拿来作为现代经营学的参考简直太荒唐了。"[2] 本田认为,将杀人之人视作英雄是不妥当的。当亲身经历了残酷战争的井深和本田在说想要为人类带来幸福时,其中蕴含了深刻的含义。在停战后不久成稿的东京通信工业创立宗旨中,强调了"完成社会使命"。可以想象,停战5个月后的1946年1月,井深是怀着怎样的心情写下这些话语的。

也许有人会辩解说,这是因为在第二次世界大战之后,日本已经有72年（译者注：此处指的是1945年到此书日文版出版的2017年）没有经历过战争了。但是，即使我们出生在日本这一被海洋包围的陆地上，也并不意味着我们与世界分离。我们的生命与世界相连。在强调"美国第一"的特朗普上台成为美国总统后，世界出现了一些内部矛盾，但是谁也不能否认世界上所有人的命运都是紧密相连的。因此，对于叙利亚的战争、阿富汗的内战以及发生在世界各地的恐怖事件，我们不能袖手旁观。日本的新闻在报道其他国家发生的恐怖事件时，经常会出现"幸亏没有日本籍人员伤亡"这样的话。虽说这是一件好事，但是并不意味着伤亡人员中没有日本国民，我们就可以安心地做一个旁观者。

**把"对人类的爱"当作事业的基础**

从为了人类幸福这一观点来看，井深与盛田所做的所有挑战都不是没有理由的。因为一个人不论住在哪里，都是世界的一员，将对幸福的追求仅仅限定于日本这一块土地的想法，本身就是错误的。就像当时，井深和盛田尽管不怎么能用英语交流，还是毅然决然地前往了美国。

井深的第一次美国之行，是停战仅仅7年后的1952年（昭和二十七年）。因为如果想要打开美国市场，就必须亲身体验美国的生活，于是后来盛田迅速地提高了自己的英语水平，于1963年（昭和三十八年）带着全家一起前往美国。这是作为一个将自己的命运与世界联系在一起的"国际人"的觉悟。

在本田公司的方针中，本田宗一郎提倡"我们要秉持国际视野，生产符合顾客要求的、高性能、低价位的商品"。在这里提到的"国际视野"，不是指进军国际市场。1960年，本田这样说道：

在我公司的方针第一条，写着"秉持国际视野"这句话。这句话是什么意思呢？并不是告诉大家要去创造称霸世界的产品。是指我们不要觉得只要日本人理解就好，那个人不是日本人所以理解与否无所谓，而是要将思想突破国与国的界限、人种的界限，不管到哪里都是这样。我想说的是，要创造出一种无论何人在何地都能够理解的概念。这一点非常重要。即使是到了一个语言完全不通的地方，我们作为日本国民，甚至是世界居民，都要过一种引以为傲的生活，这才是人类该有的生活。我认为，我们要努力去做精神平等的人。因此，我才会在公司方针中提倡这一"国际视野"。我希望大家都可以好好思考这一点。[3]

不要仅仅为了日本、日本人而工作，而是要朝着创造出世界通用成果的目标努力。这样的态度显示了对创造本质的追求，这样做会带来世界通用的产品。只要抱着为全体人类的幸福做出贡献的态度，事业必将在全世界扩展开来。

这是井深、盛田、本田三人共同的想法。现在的日本又是怎样呢？这样的说法现在在日本很常见：日本人口逐年减少，正在丧失市场魅力，因此要开拓海外市场。

当放眼世界，注目于人间之不幸，从为人类带来幸福的角度出发，就会实现为人类幸福做出贡献的开发。井深的人生告诉我们，这一点是拓展全球事业的大前提。井深曾这样说道：

> 未来的世界所需要的，不再是能够将手中的工作像电脑一样完成好的"左脑人"，而是需要能够产生新想法的"右脑人"。并且还需要拥有优秀人格、能够为了全人类的幸福着想的人。这是我的一贯主张。[4]

要时刻将"以人为本"放在第一位，在产品开发阶段就要想到为没有专业知识的消费者带去亲切感。也就是说，井深认为要把对人类的大爱作为事业的基本。正因如此，井深在介绍本田的思想之时，这样说道："本田也曾说，比技术更重要的

是人类的思想,如果树立了正确的思想,技术便可以是它的附属品。"⁵

**欣然接受与他人的合作——人类社会的本质**

企业活动只有通过人与人的活动才能创造价值。因此,如果一个组织中没有了与他人协作的愉悦感,这个组织将不会有未来。

井深的人生正如本田所说的那样:"每个人尽全力去完成各自擅长的东西,毫不吝啬地分享给他人,从他人那里汲取长处来弥补自己的缺陷。这是道德教育的根本。"⁶ 与他人的相处使井深成长,并且不论这个人的年龄与背景,只要他拥有自己没有的长处,井深都会无条件接受,以此来共同达成一个人无法完成的目标。井深的一生告诉我们,只有与他人的合作、与他人的组合才是人类社会的本质。井深说:"我认为,人类还是无法不去追求彼此合作所带来的愉悦。"⁷

"人格的结合""坚定的协同精神""志同道合者自然相聚""开始行动时的用意不需要刻意去解释,而是要在大家长时间一起工作中所培养出的默契之下自然而然地传达给同事。(此处有删减)只要大家各自保持紧密合作、保证技术水平,就能够拿出乘风破浪的勇气和自信,带着希望出发。"像这样

正在掰手腕的盛田昭夫（40岁）和井深（53岁）。1961年

鼓励大家去寻找与人合作之愉悦的语言，在东京通信工业创立宗旨中还有很多。井深一生最大的合作伙伴，就是盛田。

盛田出身于酿酒世家，他从大阪大学毕业后参加海军，是一个名副其实的超级精英。本来他的事业要比井深更加前途无量——战败后，盛田的海军头衔也许不会受到丝毫影响。

但是盛田一生仰慕、尊敬着井深。1986年（昭和六十一年），井深被授予勋一等旭日大绶章。为了参加庆祝宴，盛田先乘索尼的公用喷气式飞机从华盛顿前往纽约，在路上遇到大雾天气，不仅浪费了大量的时间，还因不能在肯尼迪机场降落而改为降落拉瓜迪亚机场。盛田拿着自己所有的行李，只身一人乘出租车狂奔到肯尼迪机场，终于赶上了飞往日本的航班。[8] 当时井深78岁，盛田65岁。即使认识了41个年头，两人之间的交情还是那么深。1993年病倒后就在夏威夷疗养的盛田，没能出席1998年（平成十年）1月21日索尼公司在东京为井深举行的葬礼。盛田的夫人到场代替盛田朗读了悼词。

在"二战"中与你相遇，到今日已50余载。我们二人成立公司，到今日也有整整51年。痛苦的时期、快乐的时期，我们都一起经历。如今，我们二人阴阳相隔，但从今以后，请你在你的世界、我也在我的世界中稍作休息，一起静静看着年青的一代如何度过这世界的艰难困苦吧。（此处有删减）

在此，请允许我再次对给予我如此精彩的一生的井深先生，表示由衷的感谢。

井深先生，郑重感谢。[9]

近年来，不知为何再也看不到如"井深－盛田""本田－藤泽"这样的以相互信任为基础、有着互补互助紧密关系的"最强管理组合"的存在。

有可能这样的组合现在依然存在，只是我没有发现。但是，如果说"井深－盛田""本田－藤泽"这样的凭借互相的统合与协同来实现创新目标的、有着深厚友情的"最强管理组合"已经变得非常稀有,却一点也不过分。

没有人可以一个人生存。如果想要认真地度过一生,或者说想要不辜负这一次生命而为人类的进步做出自己的贡献的话,那么你只有与他人携手合作,去完成一些独自一人无法完成的事情。这就是人类社会的本质,是不论在井深的时代,还是在当今社会都不曾改变的真理。

**充满了喜悦、悲伤与痛苦的人生**

说起井深,大家对他的印象大多是一个伟大且少有的工程师。但是当我们细细品读他的人生,就能够发现一个在人与人的爱与困苦中坚定地行走在人生路上的井深的身影。在井深身上,同时肩负着人生的精彩和苦难,这二者伴随他度过了一生。也许这样说不太恰当,但是我认为,井深的一生才是真正地充满了喜悦、悲伤与痛苦的人生。

井深不是一个有着美满家庭的人。父亲在他3岁的时候过世。于是他不断寻找着能够代替自己父亲的人,也就是野村胡堂、前田多门等人。他们在东京通信工业成立之初起到了非常大的作用,井深也由此开始了与这些有着社会影响力的著名人士的来往。井深的第一任妻子是前田多门的次女，但二人的婚姻生活并不圆满，在经历了快 10 年的分居生活后两人最终离婚。这一次婚姻，从开始到结束，经历了 20 多年。二人育有 3 个孩子，但小女儿不幸患有残疾。在家庭生活方面，井深的路十分坎坷。尽管他非常重视家人之间的情感，他所经历的一切却不尽如人意。但井深并没有一味地悲叹于此，而是依旧坚持着追逐自己的理想。

不论多么痛苦，井深都没有对人生感到绝望，而是不断地去追求人类的可能性与人生的幸福。在诞生于战后不久的东京通信工业创立宗旨中，我们能够感受到那份希望和光明——"建设身心愉悦的理想工厂"。诞生于第二次世界大战结束后的 1946 年 1 月的东京通信工业创立宗旨，与其说表达了日本在战争中失败的必然性，不如说其中充满了对未来的希望和高昂的斗志，以及梦想的气息。在这背后是井深对新公司的建立充满了希望的身影。

一个时常对人类充满了爱意的、追求人类本真的人——这就是井深。这就是井深的人生所告诉我们的为社会带来价值、为世界的发展做出贡献的创新活动的本质。追求创新的绝不仅仅是电子技术产业。我们越来越认识到，在人工智能推进的过程中，调动五感进行知识创新才是人类真正的使命。

井深的人生告诉我们，创新的本质不是技术也不是发明的才能，而是人类之爱，是不对人生感到失望、纯粹地热爱人类。这就是井深其人，也是今天的我们向井深的一生学习的意义。

---

**注释：**

1 井深大 [2010]，《我的朋友本田宗一郎》（Goma 书房新社）35 页。初次出版为 1991 年，Goma 书房刊。

2 同上书，109 页。

3 出处：http://www.honda.co.jp/sustainability/report/pdf/2113/2113-13.pdf，原出处为 1960 年的录像带《以员工为对象——欧洲特产篇（铃鹿制作所）》。另外，"国际视野"后变更为"全球视野"。

4 前述《我的朋友本田宗一郎》118—119 页。

5 同上书，226 页。

6 同上书，224 页。

7 同上书，61 页。

8 森健二 [2016]，《索尼 盛田昭夫——使"时代的才能"发挥到极致的领袖》（钻石社）478—479 页。

9 *Family* 故创立者井深大·最棒的顾问追悼特别版（1998 年 4 月索尼公司发行）62 页。

## 第三部　聚焦人物

### "自由豁达、令人身心愉悦"
### 蕴藏在沉稳之中的澎湃激情

# I 关于井深大和本田宗一郎——野中郁次郎、一条和生

**【编辑部注】**这次对话于 2017 年 5 月 15 日进行。另外，在对本田宗一郎进行记述时，姓氏"本田"与公司名称"本田（技研工业）"二者很难区分，因此对本田宗一郎本人或会采用其名"宗一郎"进行记述。对井深大的记述则优先采用其姓氏"井深"。记述时姓氏与名字的采用方式依照上文所述。

## 相对却又相同的存在

**一条**：这次撰写与井深大先生相关的内容时感到十分震撼，就是他一直将"人类"作为事业和管理的根本。我深刻地感受到，井深先生时刻将人类究竟是什么、应该做些什么、如何使人类获得幸福这些问题放在心上。

这次的"日本的企业家系列"中，野中先生所写的本田宗一郎先生，在这一点上也与井深先生相同。但有趣的是，两个

人乍一看截然相反。本田宗一郎性格爽朗，喜欢酒和女性，并且擅长逗大家笑，而井深则是一个严谨耿直的基督教徒，沉默寡言并且滴酒不沾，也不会乱说一句话。这样的两个人能够结下如此深的交情，可以说是非常不可思议的事情。在本书中也曾提到，井深将比自己大两岁的本田称为"无可替代的大哥、非常尊敬的前辈、无话不谈的朋友、独一无二的好友"。也许正是因为两个人属于完全不一样的类型，所以才会彼此牢牢地吸引在一起。

如果说要追求尊重人类或者追求幸福，也许会被人笑称幼稚，但是，企业等所有的组织都是由人类组成的。人类运作整个组织，并为了人类本身的幸福而存在。因此这并不是一个幼稚可笑的想法。我一边细细思考这些问题，一边开始编写这本书。

**野中**：当思考"人类是什么"这一问题时，就必须要提到生活方式。井深和本田二人都出生于明治时期，虽说没有直接参与战争，但因为正好生活在战争年代，所以自然而然地就对人类应该如何生存有了深刻的思考。

**一条**：井深当时所在的"日本测定器公司"在太平洋战争末期时逐渐进行着军需工厂化。战争结束后，井深似乎对接下来终于可以堂堂正正地追求自己向往的人生这件事感到非常喜悦。

而且，本田宗一郎在战后开始批判当时在经营者中产生的"德川家康热"："将杀人之人视作英雄，简直不可理喻。"这说明，井深与本田都深刻地明白人类的珍贵与生命的重要性。这是一种超越了语言和理论的深切体会。

**野中**：当思考"生活方式"这一问题时，就一定要探求存在的原因和一切事物的意义。井深与本田二人都是优秀的工程师和科学家，因此二人一定都擅长合理、理性的分析，另外，我认为二位又同时是哲学家。为何研究、制造的目的是什么，一直询问着事物的意义和价值。

井深先生信奉基督教，因此在思考这样的问题方面更加擅长。在这种意义上来讲，本田先生也许没有那样的"宗教心"，但是在少年时代，经常阅读面向少年编撰的立川文库故事（译者注：江户时代讲述历史小说人物系列丛书），因此早早地就形成了正确的伦理观和道德观。

**一条**：井深先生说的这句话非常有趣："我和本田在各自的技术领域，都称不上是专家或是内行。"并且还说比起技术，更重要的是思想和想法。

**野中**：说得真好。我一直不知道，井深先生还与新渡户稻造先生有着很深的交往。

**一条**：是的。井深的亲生父亲是新渡户稻造门下的学生，岳父也是新渡户稻造门下"四天王"之一。有时可以感觉到，在井深的身上融合着基督教的伦理观与武士道的禅意。

井深的祖父还是会津朱雀队光荣的幸存者，曾在明治政府担任职务，表现出色。井深的父亲进入东京工业大学学习，毕业后进入古河矿业，但不幸英年早逝。井深的母亲是北海道邮局局长的女儿，用土地升值而得的巨款进入了著名的日本女子大学学习。这在当时是一件不得了的事情。这样的才女后来成为井深的母亲，对井深也进行着英才教育。当时宗一郎一直在读的立川文库却被井深的母亲严格规定为"禁书"。（笑）

**野中**：本田先生是铁匠家的儿子，是个名副其实的淘气包。井深与本田两个人明明诞生在完全不同的环境下，后来却有着共同的目标。这一点十分有趣。（笑）

**一条**：最巧的是，二人小的时候都去看了美国人阿特·史密斯的飞行表演。本田瞒着父母自己骑自行车去了现场，还因为买票的钱不够，爬上附近的一棵树看完了表演。而井深却是由祖父带着，正式地入场观看了表演。

**野中**：不管是偶然还是必然，这还真是一个有趣的故事。

**性格迥异的搭档**

**野中**：如果要谈及本田与井深,那么就必须谈及他们各自的搭档。在我编写的《本田宗一郎》一书中,也用了很大篇幅来讲他的搭档藤泽武夫。

井深与本田二人的另外一个共同点,就是都有一个无可替代的搭档,人们在谈起井深先生、本田先生的时候通常也会说起他们的搭档。确实,二人都是通过与搭档合作、分担责任来走向成功的。

但在这里我想指出一直被大家忽视的一点,那就是这两位搭档的性格不尽相同。

藤泽负责着本田公司的运营和管理,并协助本田宗一郎进行技术开发与生产的工作,在必要的时候还会对本田进行激烈的"知识攻击"。在宗一郎做出了错误判断之时,他会毫不留情地进行否定。最著名的就是关于"空气冷却""水冷却"引擎的争论。在这场讨论中,藤泽站在提倡"水冷却"的年轻员工一方,最终改变了坚持"空气冷却"的本田的想法。

另外,盛田并不像藤泽那样,是一个"对立"的存在,而是井深的好帮手。

**一条**：这个观点很有趣。这也许与他和井深之间13岁的年龄差有关,但主要是因为在他与井深初次相遇时,就被井深的人格魅力所吸引，以协助井深这一出发点开始了二人的合作。比起"对立者"，盛田更像是一个"崇拜者"。

说实话，在我编写这本书之前，提起索尼公司时对盛田的印象更为强烈。因为盛田是著名的《日本制造》的作者，从外表和气质上来看，也更有国际风范。但通过编写时材料的收集，创建索尼公司最大的功臣，还是井深先生。因为是他编写了作为一切起点的东京通信工业创立宗旨。

**野中**：没错。可以说其中（指创立宗旨）凝结了索尼最根本的哲学。

**一条**：井深一直将索尼的哲学不断提高、进行改进。我认为，这就是索尼创新精神的根源。只不过，井深先生健在之时索尼创新精神尚存，而在他去世之后这种精神却开始渐渐消失。众所周知，索尼经历了一段低谷。我有机会定期在索尼公司内部开展一些工作，有时确实会感觉到，当业绩不振时，创立宗旨中的内容也会被大家忽略。而与此相对比，宗一郎所打造的企业概念却似乎生生不息，一直得以延续。是这样吗？

**野中**：本田宗一郎和藤泽武夫二人的关系好似合为一体，也许是因此本田公司的公司哲学才得以更容易地被继承下来。二人像南北两极一样对立，因此形成了一种思想上的制约。井深与盛田之间不存在这种对立的差异，因此给人感觉思想上的互相制约没有那么强。

**一条**：宗一郎先生与藤泽先生据说是同时辞去了工作，是吗？

**野中**：是的，很少有这样的例子。当宗一郎得知藤泽要辞职的时候，立刻也说"那我也打算辞职"。

**一条**：井深与盛田不是这样。井深是一点点地离开岗位的，并由盛田接任董事长。当然，这也是考虑到了13岁的年龄差。

**野中**：从弄清两种搭档本质的角度来看，对二者进行比较还是非常有必要的。当然，我们无法评价这两对搭档的好坏，因为他们都取得了巨大的成功。但是，如果不弄清楚这两对搭档的差异，就不会明白要从他们身上学习什么。

我觉得也许本来本田宗一郎还想在董事长的位置上任职一段时间，但却毅然决然地说出"如果你辞职的话那我也一起"这句话。

**一条**：本田宗一郎与藤泽，是名副其实的"合二为一"的搭档。但如果回顾井深与盛田却不是这样。至少，与本田－藤泽相比，"合二为一"的程度不高。因为实际上盛田是相当于井深的后继之人的存在。

**野中**：我个人感觉，井深的哲学与盛田有着一定的差别。二人的关系不像本田与藤泽那样，因为完全对立的"两极"所以有着"思想的制约"和"矛盾"。如果不对立,自然就不会有矛盾点,因此井深与盛田是互相帮助型的搭档。这样,井深离开一线后,索尼自然地就从"井深模式"进入了"盛田模式"。后来的索尼高层中,比起像井深那样的哲学家一般的、富有人格魅力的人,给人感觉更多的是包括盛田在内的充满"艺人气质"的人,至少有着很多帅气的身影。(笑)使帅气的外表与深刻的哲学思想共存,这应该是一个很大的难题吧?(笑)

**声音与音乐不同——科学与艺术的对立**

**一条**:看来是这样。(笑)关于这一点,在井深先生提出的"创造让人们感到幸福的商品"这一商品开发原则渐渐被人们淡忘的时期,我深有同感。在开发索尼单枪三束彩色电视"特丽珑"时井深先生提出,"我们制造出一个可以全家人吃晚饭时一起看的彩电来吧"——追求的是"梦",是一种"蓝图",而不是一味追求技术。

**野中**:这一点非常重要。井深先生可以说人如其名——有着很"深"邃的思考。

**一条**:说到井深先生的深邃,后来因为井深开始对东方医学和"气"产生兴趣,经常会被大家批判为"神明占了上风"。但我认为,这种说法偏离了井深先生的本意。井深先生是优秀的工程师，因此非常清楚近代合理主义的局限性。正因为对探索人类的本质有着执着的追求，才会对东方医学产生浓厚的兴趣。井深先生还曾经常使用"新范式"一词。这是后现代主义用语，包含着"超越笛卡儿"的意味。

**野中**：这正是身心合一。从某种意义上来说，人类是存在于科学之前的——这也许是一种反科学的想法。本田先生在退休后也开始了灵魂研究，在这一点上二人也非常相似。（笑）

**一条**：井深先生曾经非常反对音乐的电子化。根据我收集的文献中所记载的，一直以来熟悉模拟技术的井深没能适应技术领域的新变化，这一点经常被人批判，但是阅读了井深本人的手稿后，我认为这样的批判是不合适的。他曾经常说"声音与音乐是不一样的"。电子工程师们拥有的仅仅是对音质的追求，而音乐需要重视的并不仅仅是音质这一方面。音乐还要包含乐曲背后的背景环境，能够让音质与音乐感受并存的技术才会打动听众。

**野中**：确实，声音技术从音乐中来，而不是相反。井深先生的想法还真是非常尖锐。他想表达的，是说不要一味地迷信电子技术，而是要与模拟技术形成相互补充的关系，运用这两种技术去提高音质，是这样的吧？

**一条**：原本任职于NHK，后来到索尼工作、在电子技术与模拟技术的问题上与井深产生过分歧的中岛平太郎在回忆起这段争论时说，"那是一种'艺术与科学'的对立"。

**野中**：艺术与科学，确实是这样。在索尼的"井深时代"，公司的关键词就是它。但后来似乎开始过于偏向科学方面。但在这一趋势下，索尼的领导者中也出现过几位意欲平衡艺术与科学的人，如第五代董事长大贺典雄、2005年上任的中钵良治等。

**一条**：最近的索尼公司再次开始向着艺术与科学并重的工程设计体的方向发展了。可以说开始恢复从前的样子了。

**野中**：业绩开始回升，大概也是与这样的转变有关吧。

### 至今依然熠熠生辉的创立宗旨

**野中**：即使是现在，我在重读井深先生编写的东京通信工业创立宗旨的时候，还是会不由得感叹，"建设可供技术人员将技能尽情发挥的场所——自由豁达且身心愉悦的理想工厂"。据说最近，作为巨头的美国通用电气公司也在向硅谷的新兴企业学习。也许日本的大型企业是时候重读东京通信工业创立宗旨了。

**一条**：在创立宗旨中，蕴含着现在仍然适用的具有普遍性的道理。这也是为什么会在本书中再次提及宗旨。但是，虽说索尼与本田经常被认为是战后世界上代表日本企业的两大挑战者，两家公司的发展模式却完全不同。本田公司的发展以宗一郎卓越的思想创意以及技术为基础，而索尼公司的发展动力来源于井深的人格魅力。政界的精英们被井深所吸引，并向他介绍可以提供帮助的银行资源，使得他有了足够的资金援助。如果没有这些有力的支援，我想东京通信工业绝不会支撑很长时间。具有冒险精神的魅力者，获得了这么多优秀人士的支持。这样的发展模式，又与战后的另一日本代表企业——松下电器（现 Panasonic）不同。

**野中**：从各个企业本质的视角来看这些不同还是非常有趣的。藤泽武夫为本田公司设立了发展的关键点。比如，开创了"WAIGAYA"（译者注：即畅所欲言式会议。名字来源于日语对热闹、活跃的形容词）的沟通方式。也就是员工们在公司外某处一起生活三天三夜，将所有的问题拿出来，每个人畅所欲言，近乎幼稚地探讨工作为了什么、公司为什么要存在等这些问题。藤泽所想的是，"不可以让一整个集体都彻底依靠于宗一郎一位天才，我要在集体中培养出无数个像他一样的人"。"WAIGAYA"就是培养天才的方法。在一段时期内这一方法产生了很好的效果，并使得本田公司成为一个优秀的自律分散型集体。

索尼也同样，每开发一项产品，都会培养出一位独特且优秀的项目领导者。但是，似乎随着"重视效率和收入"思想的不断渗透，国际市场上也开始不断出现 M&A 现象（译者注：兼并收购），美式管理开始进入日本企业，导致一段时期内日企本身的活力被削弱。我认为也是由于这个原因，在这段时间内，一些有趣的制作机器人或是游戏机的合作者选择了离开索尼，也就是说索尼丧失了"自律分散型"的特点。但是根据索尼最近的业绩回升状况，也许索尼改进了这一方面。

**一条**：如您所说，在成长为国际企业的过程中，索尼确实引进了一些欧美的管理方式。当然不能完全否定这一点，从某种意义上来说，这也是一种必然，因为索尼本身也是一家代表日本的创新性企业。然而，这种管理方式也对索尼公司本身的优势产生了消极影响。打个比方说，药效太强，反而伤了身体。

**野中**：不仅仅是索尼，日本的许多大企业都犯了相似的错误。战前，美国的海军陆战队曾彻底地研究日本军队的优势，但是他们并没有受到这些优势的影响。接下来，美军将自己军队的优势与日本军队的优势特征有机结合，超越了日本军队。我希望现在的许多大企业吸取这个教训。

**一条**：即使在今天，美国企业其实也在积极向日本学习。只是他们不会丢弃自己的优势。日本企业也在向美国学习，但吸收得过多，反而忘记了自己的优势。

**野中**：是的，就是这样。在思考日本的现状时，这一点非常重要。

## 主动放弃自身优势的愚蠢行为

**一条**：现在日本企业的人事部门中，职务规定的明确化成为一大课题。在之前所提到的"工作方式改革"中，发现明确职务有助于削减劳动时间。这一课题就来源于此。

日本企业确实存在职务范围不明确的情况，但是，也正是这一特点促进了日本企业独有优势的形成。职场中总会存在一些超出职务规定的工作。日本企业的员工们有着很强的责任感，对于这些没有在职务规定中被明确的工作也会想要好好完成。因此，如果对职务规定精细化，那么我担心这些良好作风可能会丢失。不管是二垒手还是三垒手，如果只注意自己周边的情况，那么就很容易让对手钻了空子。

**野中**：看来现在在许多企业中已经出现了这样的倾向。

**一条**：反而美国企业现在开始重视起在日本企业中被看重的员工之间的信赖和共鸣、思想交流等方面。他们开始有意识地吸收日本企业的长处来使自己的团队变得更好。另外，日本却在故意破坏自己原有的优势。这一现象非常具有讽刺意味。

**野中**：最近，日本企业中的人事部门总是在制定某些规则，这些规则反而没有起到好作用。（笑）美国企业已经转变了方向。通用电气公司的"人才九宫格"非常著名，即以业绩与价值为横纵轴，将各个轴的完成度分为三个阶段，这样就能够将一个正方形分为九个模块，通过这九个模块对员工进行评价。但是，最近通用电气公司停止了这一制度。在硅谷，各个企业开始实行"性善论"——不再为了个别问题员工而制定各种规则，而是开始尽力减少规则的数量，给员工尽可能大的自由度，这样员工会感到快乐，也会表现得更好。不如说现在美国的企业，正在替代当时的本田和索尼来实施日本式的经营方式。（笑）在这一系列中的《本田宗一郎》的卷尾，收录有本田宗一郎54岁时在公司内部面向公司骨干的讲话。其中多次提到："想要建设一个没有规定的公司、一个没有各种繁杂的规定也可以完美运行的公司。我希望你们能够将这个愿望变成现实。"

**一条**：这次我也向本田公司学习了很多。其中最为感动的就是，在1956年本田宗一郎起草的公司方针中记载着的"我们要秉持国际视野，生产符合顾客要求的、高性能、低价位的商品"，所使用的"国际视野"一词意味着的"不仅要考虑日本人自己的事情，也要从国际视野出发，创造世界通用的产品"这一思想。这样的态度引领着整个集体追求生产本质的步伐，并最终走向了世界。在这背后，一定有着"想要为了人类的幸福做出贡献"这一强烈的愿望。

就像我刚开始的时候说的，本田宗一郎也是想要认真度过人生、想要为人类的幸福做出贡献的。只要有着这样的觉悟，那么就不必有所谓的规则。

**从集体到协作**

**野中**：美国认知心理学家迈克尔·托马塞洛正在进行一项将大猩猩与儿童进行比较的有趣实验。根据实验结果，虽然都是灵长类动物，人类与大猩猩之间的差别在于是否有"共感能力"。人类能够与他人产生共鸣，大猩猩却不可以。比如说，大猩猩们在一起抓猴子当作食物的时候效率比较高。在这点上大猩猩与人类一样，懂得组成团队，也就是说懂得团队协作。

到这一步为止，大猩猩还与人类相同，但从捕捉到猴子那一刻开始就出现了差异。大猩猩们不会互相分享，而是开始想要靠蛮力独占猎物。而人类随着成长，会考虑到对方的感受，能够一起分享食物，也就是合作。

**一条**：真是一个有趣的故事。井深大先生与本田宗一郎先生，也教育员工们要以共感为基本互相合作，这样才能在令人身心愉快的工厂中不断创造出新产品、使人类更加幸福。不过在当今的日本，人们开始号召"工作·生活平衡"，开始宣扬"尽快逃离公司""珍惜自己的生活"等思想，如果本田和井深依然在世，看到这番景象一定会皱起眉头。

产生共鸣、志同道合的人们，会完成一个人无法完成的事业。我认为，这才是企业本应有的存在方式。对于人类来说，通过合作来完成工作本应是最快乐的事情，这一点绝对不容忽视。现在的我们，正应该从井深大先生与本田宗一郎先生的一生中学习到这一点。

# II 井深大语录

**【编辑部注】**该井深大语录为将(*Family* 故创立者井深大·最棒的顾问追悼特别版)(1998年4月、索尼公司发行)中的语录按照时间顺序排列而成。按照时间顺序阅读井深先生语录,可以重新认识井深大的创造与挑战以及其中蕴含的恒久不变的普遍哲理。另外,其中记载的 *Family*、《周报》、*Management Guide*、*Information* 为索尼公司内部发行物。为了不影响上下文的连续性,此处会存在第一章和第二章中已经提到的语录重复的内容。

## 20世纪60年代

我是董事长井深。

请你牢牢记住。

(1960年公司建立14周年纪念活动的讲话。当天来到活动接待处的井深先生,被负责的员工问道:"您有入场券吗?"此为回答。接着,井深先生立刻在致辞中将这件事情讲给大家听,并苦笑着表示"索尼真是

壮大起来了",全场大笑。《周报》1960年5月11日刊)

\* \* \*

现在最为重要的事情,就是不受世人批评的影响,要保持着睿智和勇气在自己笃信的道路上勇往直前。能够开辟索尼未来的人,不是别人,只有我们每一个索尼人。这一点希望大家明白。

(《周报》1961年1月4日刊)

\* \* \*

各位,毫不夸张地说,"索尼公司在为了全日本"而努力。

(《周报》1962年1月4日刊)

\* \* \*

人们将我们称作"世界的索尼"。这非常值得骄傲。但我认为大家绝不要沉醉于这样的印象中。因为现在是一个印象会离开本体而单独存在的时代。

(《周报》1962年1月4日刊)

\* \* \*

重要的是，要及时地为市场提供所需的产品，并且要将优质的产品以便宜的价格投入市场。

(《周报》1965年1月4日刊)

\* \* \*

我们所进行的竞争活动不可以成为自我毁灭的过程。一定要去寻找有利于自己的竞争环境。在这样的竞争环境中，竞争本身就不再是一件难事。只要不断尝试他人不曾涉及的领域，就能够寻找到这样的竞争。

(于日本能率协会主办的演讲。1967年1月)

\* \* \*

我到现在都中规中矩，但从现在开始我将要以此为武器大干一场。

(于索尼单枪三束彩电"特丽珑"发布会。1967年1月)

\* \* \*

如果其他公司产品的技术价值100，我们公司的技术价值120，那么即使以130的价格出售也能够畅销。然而，如果我们的技术并不值120而仅仅价值90的话,这里就有问题……在这里,希望大家能够继承公司建立以来的传统,以完成价值130的技术为目标,在如何完成这一目标上倾注心血、多下功夫。

(*Management Guide*,1969年4月20日刊)

\* \* \*

即使是看上去无法实现的艰难目标,只要有计划地应对,就会将它实现。即使是毫无章法的事情也能够在短时间内完成——这一点阿波罗已经向我们证明了。

(1969年7月,阿波罗11号成功着陆月球表面后,于7月3日出版的《周报》以"向阿波罗学习"为题)

## 20世纪70年代

评价公司的规模与数量的时代已经离我们远去,现在来到了"质"的时代。迎来25周年的索尼所面临的课题,是对适应新时代的"质"的挖掘。

(于公司成立25周年的纪念典礼。《周报》1971年5月13日刊)

\* \* \*

在彩色录像带、录像机的统一问题等方面,索尼遭到了许多非议。对此,我们只有一个对抗的方法。那就是无论何时都要坚持制造最好的产品、将最新的技术应用到优质商品中,尽力输出畅销产品。这是索尼的宿命。

(于1971年6月部长会议。*Information*,1971年6月25日刊)

\* \* \*

世界在不断进步,索尼也在不断进步。然而在这前进的趋势中,大家是否跟上了脚步,或者是否超越了这脚步取得了更大的进步、真正地在成长着?对此,包括我在内的所有人都有必要时常反思。

(《周报》1973年1月25日刊)

\* \* \*

不论发生了什么事,所有爱着索尼的人都将一直守护着它。我想只有这样,才会实现真正的繁荣,才能够实现国家利益、为全世界文化进步做出贡献。

(于公司成立30周年之际。*SONY NEWS*,No.219【1976年】)

\* \* \*

将一件看似没有销路的产品变成畅销品,不仅仅是我们的进步,也是一种突破。

(《周报》1977年1月13日刊)

\* \* \*

如果我们一味地固守死板的思维,就不会有光明的未来。不断开发"软件",我们才能融入世界。

(《周报》1977年5月12日刊)

\* \* \*

那些只有索尼才能够做到的事情,如果不再由索尼完成,索尼将不再是索尼。

(新年寄语。*Family*, No.13【1979年】)

## 20世纪80年代

因为自己是早产儿,我一直认为我的人生只有大概50年,一直想着一定要在50年之内做完自己想做的事情。现在看来出现了一些改变,因为50岁已经是23年前的事情了,那只是昭和三十三年的目标。因为当时想着要尽可能多做事,所以在成立了索尼之后,又"急匆匆地"完成了磁带录音机的开发,又更加"急匆匆地"搞出了半导体管。当时，自己的心中可以说是有一股"焦急"的情绪。

现在看来，这种"焦急"的情绪并非毫无用处，对索尼来说反而是非常有用的。索尼创造出了当时日本唯一的磁带录音机，可以说世界首次出现的半导体管也诞生于索尼。"焦急"情绪对这些起到了非常大的作用。

（迎接公司成立35周年。*Family*, No.27【1981年】）

\* \* \*

关于半导体管，我非常庆幸自己从前并不清楚创造它的困难程度。

（纪念公司成立40周年，与时任董事长的盛田昭夫的对话。*Family*, 1996年5月刊）

\* \* \*

我也许一直都在给在座的各位出各种难题吧。

（在公司为井深举办的勋一等旭日大绶章受章庆祝宴会上。接着井深说道："因此今天我不仅仅为自己高兴，更加感激在座的各位能够为我而高兴。"*Family*, 1986年7月刊）

## 20世纪90年代

下功夫去做他人不做之事的精神,不论在何时都能派上用场。只要下了功夫,那么这些汗水最后都会带来收获的。

(纪念公司成立44周年时与时任总经理的大贺典雄的对话。*Times*,1990年5月8日刊)

\* \* \*

"かくれんぼ尻つつかれて飛び出してびっくり反転"(译者注:这是一首井深作的俳句,大意是儿童的游戏"捉迷藏"中,被捉的一方被捉后最终也会反转命运成为捉人者)捉啊捉迷藏,先把你捉住;轮到你做鬼,命运又轮回。

(在通过光与电磁、温度上升来实现的具有划时代意义的发明——光信号记录再生技术"IRISTER"的开发发布会上。这是为了向记者们说明复杂的原理而精心作的一首诗。当听到开发的消息时,井深感到"心潮澎湃",亲自来参加了发布会。自从卸任总经理以来,井深先生很少出席这样的场合。*Times*,1991年2月26日刊)

\* \* \*

我认为,"好奇心孕育了索尼的产品"这种说法是错误的……我们只是抱着非常强烈的目的意识,在达到这一目的的过程中不断琢磨如何加入独创性、创新性罢了。

（公司成立45周年纪念采访。*Times*，1991年5月7日刊）

\* \* \*

我认为自己创造了"说服工程学"一词。当我发现一个非常好的东西时，一定会坚持下去，并且会想方设法获得上司的认同。有时为了获得认同，甚至不惜发生争吵，一直坚持到最后。只是绝对不可以仅仅拿出一个想法就去谈什么独创性、创新性。

（公司成立45周年采访。*Times*，1991年5月7日刊）

\* \* \*

对社会做出贡献这件事，不是只有拥有财富才能去做。我们要认识到，这就像纳税一样，每个人都有各自应该承担的部分。不论是否有万贯钱财，这都是我们的义务和对世界的责任。

（*Times*，1991年12月26日刊。特别版《公司与社会》中的访谈。）

\* \* \*

不论是数字技术还是模拟技术，都只不过是一种手段而已。当然，考虑今天或者是明天的事情固然必要，但新范式的意义远要比此更广。为顾客提供满意的商品这件事关乎人心,以人与自然的整体性思维来考虑,物与心二者内外呼应。这样的思维方式,就是打破近代科学范式的最为关键之处。请大家记住,如果不接受范式转变,不采取以"物"来满足"心"的思考方式,那么就会逐渐被 21 世纪所淘汰。

(于 1992 年的管理者集会。Times,1992 年 1 月 30 日刊)

\* \* \*

我认为要将兴趣置于目的之外。

(文化勋章受章时的记者招待会上,被问到"有何对年轻人的建议"时。Family,1992 年 11 月刊)

\* \* \*

虽然我已经不再直接参与索尼公司的经营,但我对索尼以及电子技术的热情丝毫不减。当我发现新技术、有趣的产品时,心中那份工程师的好奇心依然会躁动起来。

(文化勋章受章后的感想。Times,1992 年 11 月 11 日刊)

# III 东京通信工业公司创立宗旨

## 解读[1]——一条和生

1946年（昭和二十一年）5月，索尼的前身——资本19万日元、仅有20名员工的小公司"东京通信工业"成立了。同年1月，为成立新公司做准备，井深亲笔写下了明确记载公司成立目的的创立宗旨。同时，这也表明了在战后的废墟中，将要和志同道合的朋友们一同创业的井深的决心。

1945年9月，为了在东京成立新公司，井深与樋口晃、太刀川正三郎等人一同从当时作为疏散地的长野县须坂前往东京。虽说几人在白木屋三楼的一角挂起了"东京通信研究所"的牌子，但并没有一个具体的事业计划，也没有什么像样的收入，几人仅仅靠着井深的存款度日。这时的东京通信研究所，还只是井深一个人的事业。

然而，以在《朝日新闻》的"蓝色铅笔"专栏（译者注：《朝日新闻》早报社会版面的连载专栏）中被介绍的短波收音机用的转换器为契机，1945年12月开始，公司的事业开始慢慢变好。这时，仅凭井深自己一个人的资本进行运作这一方式开始暴露了其局限性。于是，井深决心成立公司，并于1946年1月起草了创立宗旨。但是，据说当时井深将写好的创立宗旨寄放在董事太刀川正三郎处后就忘记了它的存在。大概是因为在战后混乱的状态当中，为了新公司而奔波的井深太过繁忙。由于筹集资金、说服合伙人盛田昭夫的父亲、在物资不足的状态下筹备资源等事情而非常忙碌的井深，忘记了创立宗旨的存在也可以理解。

1946年5月7日，30名剃着光头、穿着国民服（译者注：第二次世界大战期间日本规定国民必须穿着的类似军服似的男子服装），依旧没有褪去战争色彩的人聚集在一起，召开了东京通信工业成立仪式。仪式当天井深的致辞，与创立宗旨中所写的内容丝毫不差。"我们无法去做与大公司相同的事情。但是，技术这一领域存在着许多的空白。让我们来做大企业未做之事，用技术的力量来为祖国的复兴做出贡献吧"。即使资金短缺、没有足够的器械，大家还有自己的头脑和技术。只要有了这些，就可以实现任何事情。如果走模仿别人、随波逐流的路，将没有未来。尽力做他人未做之事。可以说这时候，东京通信工业，甚至索尼未来的道路就已经确定了。

据说后来，太刀川提醒井深说"您还写了这个"，并将东京通信工业公司创立宗旨递给他看的时候，井深自己感叹道："写得真好啊……"

起草创立宗旨时井深37岁，已不再年轻。但他所写的东京通信工业创立宗旨充满着希望与力量，洋溢着年轻的气息。其中充满了对新事物发起挑战的强烈愿望。这才真正是创造未来的知识创新之本质。

**注释：**

1 这段解说参照以下内容：https://www.sony.co.jp/SonyInfo/CorporateInfo/History/SonyHistory/1-01.html, Sony History《第一部・第一章从废墟中出发》。

【**编辑部注**】本稿原出处为 *Family* 故创始人井深大・最高顾问追悼特别版（1998年4月索尼公司发行）40—43页。另外，在开头处以"编辑部注"的形式注有"我们尽量将原文的复杂用法、语句以简单的形式（或以平假名形式）表述出来，并适当增加了标点符号"。

## ◆东京通信工业公司创立宗旨◆

在第二次世界大战期间,我曾任职于日本测定器公司。在那里,我与工程师们一起废寝忘食地独立测试和生产新的军事装备。在战争停止和公司解散之后,有20名专注且富有实践经验的伙伴和我一起创办了"东京通信研究所",用于开发和生产通信设备。

工程师们在技术中获得了无限的愉悦,在这个过程中,每个人都自觉肩负着社会使命,以坚决创造一个稳定的工作环境为第一目的而工作着。

在战争期间恶劣的条件之下,这些人不知疲倦地完成自己的使命。我实实在在地体验到了他们在技术方面发挥着惊人的激情与能力,并且意识到了没有什么能够削弱这样的精神。

因此,我开始想到让这些有激情的人在个人层面上团结起来,在人格上互相吸引,秉持坚定的合作精神并尽情发挥自己的技术与能力。如果能够实现这一目标,即使缺乏人员与设备,整个事业也会愉快地进行下去,所得到的成果也会非常惊人。实现这一理想的想法,在我的心中生根发芽。

战争的突然结束使我们更接近实现这个梦想。

志同道合的人们自然而然地聚集在一起,与新日本一道,开始了我们新的征程。开始时的心路历程没有必要在这里过多陈述,因为这已经通过彼此之间长时间培养起来的共同的意志,自然地体现在了每个人的身上。

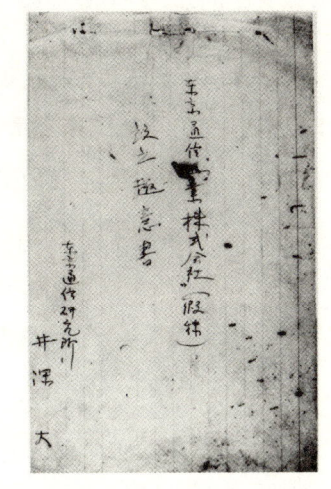

最开始,我们用日本测定器公司分给我们的为数不多的测试设备和零件,以及仅仅零花钱般的少量资金,尽力制订了一个渡过难关的计划。

无论公司的规模多么小,只要大家彼此保持着紧密的结合、以坚不可摧的技术持续向前,那么不论面对多大的风浪都会拿出克服的勇气和勇往直前的信心。就这样,我们出发了。

我们之所以从小规模开始我们的事业,是因为在我国面临转折点的时期,我们无法预见社会环境。此外,我们意识到我们的工作需要一段时间才能得到社会的认可和重视。

然而,当我们真正开始运营时,我们意识到日本有多迫切地需要像我们这样的公司——具有技术精神和一系列管理政策。

我们首先通过邮电部、交通运输部和其他与通信领域有关的政府机构的活动了解到这种强烈需求。与其他处于低迷状态的部门不同，与通信有关的部委通过主动宣布许多详细计划，例如，全波接收器开放许可、民间电视台的自由建立、电视试播、迅速重建被战争摧毁的通信网络等，确定了明确的方向。这一举动为大家提供了一个出色的指导，并在业内起到了牵引的作用。

这些活动对我们有直接影响。由于我们在战争时期与邮电部的密切联系，我们很快就开始收到真空管电压表等的大订单。

在很短的时间内，新产品研究和试验测试请求的订单显著增加。此外，全波接收器的开放许可迅速增加了战后大众对广播节目和无线电本身的兴趣。加上在战争期间被摧毁的大量"套装"（如留声机等设备），我们公司无线电服务部门收到的订单与日俱增。我们也收到了许多合作大学学者，研究实验室和与我们有同样志向的良心企业制造优质零件的请求。很快，通信相关部门对我们的提案中提到的新产品的相关研究，以及试运行订单变得越来越多。另外，还有一些间接的影响。随着全波接收器的开放许可，停战后大众对"广播节目"的兴趣增加，甚至大众对收音机械本身的兴趣也迅速高涨起来。并且由于战争中电子留声机的大量损耗，我公司的广播服务部收到的需求量与日俱增。

借此，与各大学、研究所的研究人员，以及怀有同样志向的良心企业家们一直保持着相互扶持关系的我公司，得以有机会面对各种各样的产品需求。

以上各方面需求的增大，促使我们做出了一些新的决定。可以说，我们意识到增加资金和设备的重要性和必要性。我们的新尝试很快就引起了社会各阶层的巨大反响，作为一个刚刚起步不久的新公司就迎来了好的势头。对此，我们无法用语言表达内心的激动。这样的成果不仅向我们展示了我们公司光明的未来，也意味着我们真挚的理想，正符合复兴中的日本对企业的要求。

### ★公司创立目的

一、建设可供技术人员将技能尽情发挥的场所——自由豁达、使人心情愉悦的理想工厂。

二、通过动态的技术和生产活动重建日本并提升国家文化。

三、及时将战争期间各部门开发的先进技术应用于普通家庭。

四、迅速将大学和研究机构的在国民生活中最具有应用价值的优秀技术成果商业化。

五、使无线通信类产品渗透进日常生活、促进家庭电气化。

六、积极参与战争破坏的通信网络的重建，并提供必要的技术服务。

七、生产并普及符合新时代的收音机产品，致力于广播服务的发展。

八、实地开展国民科学知识启蒙活动。

### ★经营方针

一、废除不当盈利主义，要坚持将重点放在充实内容和实际行动上，不要盲目追求扩大规模。

二、我们将保持小规模经营，在大型企业因其规模不能进入的领域，谋求技术的进步、做好经营活动。

三、在产品的选择上要精益求精，敢于直面技术上的困难，无论数量多少，都要努力开发出社会利用度高的高科技产品。另外，应避免只开发电子或器械的单一模式，要创建我们自己独特的产品，将这两个领域联合起来，决不允许有与其他公司雷同的情况。

四、与技术界、业界诸多兄弟企业之间,要秉持着信用精神,最大限度地运用我公司的特长。这样,就可以通过相互合作实现可以匹敌大企业的生产活动、销售渠道的开拓以及资源的获得。

五、指导、培育以往的承包工厂开始独立自主的经营,以谋求联合力量的扩大与强化。

六、严格选拔员工,并保持少人数的构成以避免形式上的阶层制,一切的秩序都建立在实力、人格为本的原则之上,以便个人的能力得到最大限度地发挥。

七、以适当的方式向所有员工分配公司的盈余收益,在生活方面给予员工实质性的关心与援助,将"公司的工作就是自己的工作"这一观念贯彻下去。

**★经营部门**

一、服务部

考虑到全波接收器的普及、家庭电气化和电视机的引入等现状,服务部门应该更加重视其服务的质与量。目前,我国几乎没有像样的"广播服务",只有一些有这方面技术的广播业者业余从事相关工作。可以预见,随着未来高质量接收器的推出,之前的广播业者的身影会逐渐减少。相反,由于对高质量接收器的大量需求和创业意义的提升，可能会出现与主要硬件制造商形成特殊联盟的大型服务公司。

考虑到这一点，我公司计划利用技术与测定器，为大家提供最好的服务。紧凑型服务车的使用就是一个例子。这些汽车将服务各种重量和大小的电子留声机，高品质的接收器和电视机。该车包含测量、固定和维修家用电器所需的所有必要设备，并将快速响应电话。该车将提高我们的工作效率，并且可以最大限度地减少所需的技术人员和设备的数量。

另外，在其他地区的服务需求方面，根据从临近府县收集到的消息，考虑到在这些地区已克服困难设置有很多高级收发机，将来可能与地方某些无线电厂商签订合约，实行统一维修。

政府允许全波接收器用于商业用途，这一举措刺激了包括我们在内的大小无线电公司对全波接收器的生产。由于缺乏原材料等其他原因，这些产品面世还需要相当一段时间。为了在过渡期间满足消费者的需求，我们开发了一种可以轻松将客户的手持接收器转换为全波接收器的设备。然而，用于新转换装置的材料也不容易获得。尽管如此，由于其技术优势和功能，我们已经积累了消费者和无线电厂家的订单。我们计划到明年6月以40万日元的价格生产500种这样的产品，以后将根据全波接收器的市场状况决定后续方案。

由于战争导致的损耗过多,而且缺少令大众安心的无线电商店,我公司收到的修理请求日益增多。在这种情况下,我公司以利益第二为原则,比如,要将故障通俗易懂地向对方说明,或可以以便笺的形式留给对方,要以亲切、有礼的态度,贯彻服务精神,要对所修理的机器负责到底,不论面对何种复杂的要求,都要愉快接受——这是我公司服务部门应当遵守的座右铭。

此外,我们正在开发和规划超高质量的接收器、电子零件和家用电器,尽管与我们的竞争对手相比,它们的数量可能很少。另外,对海外技术的介绍、包含所有无线电相关资料的图书馆的建设、讲习会等普及电气之事的启蒙活动也将成为服务部今后的重要任务。

### 股东与为其提供的服务

今后为股东提供的服务(电气相关)主要为:公司所有股东都可以自由要求提供服务的会员制度。

优先提供新设备,例如,通过收音机打印报纸内容的设备,以便与股东建立更独特、亲密的关系。随着家用电器的蓬勃发展,这成为与股东沟通的极为有效的方法。

二、测定器部

与无线电制造商的数量相比，只有少数公司制造生产和维修无线电所需的测量仪器。并且在无线电业界，拥有用于生产和维修的测定器的厂家数量几乎为零。尽管公众常用的无线电接收机可以通过非科学方法进行固定，但随着设备变得越来越复杂，以及随着人们开始使用高质量接收机和全波接收机，将来不可能这样做。过去，测定器的制造没有达成一定的规模是因为它们难以使用并且需要许多其他附加设备。无论哪种方式，有限数量的测定器制造商清楚地说明了在这个领域还有充足空间。从技术角度和商业角度来看，由于投入材料少、销售价格高、竞争对手少，对于任何采用尖端技术的企业来说，这都是一个有利的方向。

我公司曾经所属的日本测定器公司，就是少数的测定器制造厂家，以少量资本以及不完备的设备在短时间内取得了惊人的进步。这虽说是大势所趋，但同时也可以断言，这完全是由测定器部门的经营特性决定的。

日本测定器公司的主要产品之一——"超短波用真空管电压计"，是所有人近10年心血的结晶，暂且不说来自社会的广泛好评，这一产品成为我国闻名世界的测定器产品。最近美国进驻军队对此表示了很大的兴趣，并将这一产品带回国作为参考。这一事实胜过千言万语。我公司也计划继承这一产品的生产，今年已经收到了来自邮电部的150台（约30万日元）订单，预计3月末生产完成。邮电部已经确定了1946年度的订单，在数量上非常可观，如果将来开始了电视业务，这方面的订单数量将会更加可观。考虑到这些现状，我公司即使仅凭真空管电压计一项就完全可以维持公司的运行。

我公司已有制作特殊高级测定器的计划，我们还将非常重视"全面服务测量设备"。该测量设备甚至允许技术上未经训练的无线电商店人员对高质量无线电进行分析。换句话说，它将是一个简单的故障查找设备。这些设备的普及将使公众意识到真正的服务意味着什么。

我们还计划与大制造商联系，并为其装置合适的诊断设备。

如果说服务部门负责为一般大众提供服务，那么测定部门则是为专家提供服务。但是在贯彻服务精神这一点上二者是一致的。


三、通信设备部

上述两个部门负责维护和管理公司的运营，通信设备部则通过研究和开发特殊通信设备，帮助公司在未来发展。邮电部、交通部、财政部等政府机构正在积极计划提高通信网络的效率，这是日本重建的一个重要课题。我公司也积极响应这一计划，正在进行各种全新的试验，在此将其中主要的试验列举如下：

1. 时分多路复用通信

该技术可以通过简单的装置，使现有的有线电或无线电实现三重、四重3—4层的多层通信。东北帝国大学（译者注：现东北大学）的通信研究所于1943年（昭和十八年）开始这项研究，结合了战时得到发展的电波警戒机技术（译者注：即对空早期预警雷达），是一项非常有特色的技术成果。邮电部和交通部非常关注这项成果，铁道部订单的样品已经完成，如果一切顺利，公司会得到计划中的12层超短波无线电话设备的订单，预计价值约560万日元。

2. 简易多路电话装置

这项技术通过一个非常简单的装置，使正在通话的电话线路中增加一通可能的通话，以实现二层通话（通过现有的电话线路实现二倍通话）。这一装置可以由日本测定器公司为研制某种兵器进行多年研究而开发的设备改良制成。眼下正在试验中的该技术可以说是我公司拥有的众多技术中的"狠角色"，如果完成并被采用，那么其需求将会极其可观。

3. 录字通信机

这项技术在战时被应用于航空通信，用来将飞行员从烦琐的电信符号学习中解放出来的一项技术。但其开发还没有完成，战争就结束了。在发信一方，打字机取代了电键的设置，发信人只要敲击打字机，收信一方就会收到按顺序打在带子上的文字，通信结束，带子也会停止运动。这一装置十分简单，发信装置大体与便携式打字机同样大小，收信装置与手提保密箱差不多，并且有线无线皆可使用。将来，电话公司可以使用该设备通过电话线发送电报，如果有人不在家，则呼叫者可以留下打字消息。在火车站的控制中心使用该技术，指令可以清晰地被印刷出来，非常方便。这项技术的使用范围十分广泛，虽然这一技术的实现是电信机的必然成果，但其开发的完成依然拥有十分重大的意义。因为制作这一装置，需要相当精密的机械装置，因此现在实现它还比较困难，但为了达到完美的试验效果，我们正在推进设计。

4. 节目选择收信方式

这项技术也是日本测定器公司曾研制的原本用于武器的科技成果。放送局在节目播出前，会在不同节目前播放不同频率的声音（例如，新闻节目播放"Do"，音乐节目播放"Re"等；像按动钢琴键一样的声音即可），同时在收信一方，频率继电器就会根据声音频率高低开始工作，接着收信机开始运作。这样，听众只要按动按钮选择节目，广播电源就会接通，相应的节目就可以收听了。当节目结束，也会播放特定的声音，电源会自动切断。另外，通过此项技术还可以完成自动对时。

5.其他特殊装置

音叉振荡器、滤波继电器、音叉时钟等产品均为我公司独有产品，我们计划将本以战争为目而研制的成果中，能够转而在今后的通信技术领域发挥作用的产品，按照各方面的需求相应地生产。

# 致 谢

当我接到PHP研究所丸山孝先生撰写井深大先生相关传记的邀请时,并没有一个成品的概念。这是因为,虽然久仰索尼公司创始人井深先生的大名,但是对我来说,通过《日本制造》,同样为创始人的盛田昭夫先生给我留下的印象更为深刻。对井深先生的印象,仅仅是给了索尼公司很大技术支持的伟大工程师。

丸山先生想要在PHP研究所70周年纪念系列中,将本田宗一郎与井深大两位的传记紧密地联系在一起。于是,2015年10月开始,负责本田宗一郎传记撰写的野中郁次郎先生、负责井深大传记撰写的我以及丸山先生三个人,组成了学习小组,进行各种讨论。通过多次探讨,井深先生的形象不再仅仅是一名优秀的工程师,以人类为中心、纯粹地为了人类的幸福而不断追寻的形象渐渐树立了起来。这本书的思路就此形成。本书第三章记录的我与野中先生的对话,就是在一年半前成立的学习小组中讨论内容的总结。

井深先生很少会撰写像《日本制造》那样关于经营与自己人生的书籍，因此回顾井深先生一生的过程并不容易。即使这样，我还是一点一点找出了井深先生与新渡户稻造、前田多门以及野村胡堂几位的联系，并在追溯历史的过程中深切地体会了他们之间的交流。

从我执笔本书的契机也可以看出，在撰写本书时，我得到了野中郁次郎先生的许多帮助。我真诚地希望，在与野中郁次郎先生关于本田宗一郎和井深大这两位伟大的经营者的人生对话中，有关知识创造理论进化的内容，自己或多或少能为野中先生做出一些贡献。另外，本书中所记载的对话非常有趣，使我感受到了与野中先生的共鸣。同时也向将对话完美地整理出来的荻野进介表示感谢。还要感谢研究室的大桥阳子、川田弓子在学习小组日程调整方面的付出。最后，如果没有PHP研究所的著名制作人丸山孝先生，就不会有这本书的诞生。在此请允许我再次感谢丸山先生。

一条和生
2017年6月于东京

# "企业家井深大"简略年表

| 公历 | 和历 | 年龄 | 相关事项 | 社会状况 |
|---|---|---|---|---|
| 1908 | 明治四十一年 | 0 | 4月11日，栃木县日光町（现日光市）作为父亲·甫、母·泽的长男出生，字清泷 | 6.22红旗事件 |
| 1921 | 大正十年 | 13 | 3月，神户市立谏访山小学毕业 | 11.4原敬被暗杀 |
| 1927 | 昭和二年 | 19 | 3月，兵库县立神户第一中学毕业 | 3.15金融危机发生 |
| 1930 | 昭和五年 | 22 | 3月，早稻田第一高等学院理科毕业 | 爆发昭和金融危机 |
| 1933 | 昭和八年 | 25 | 3月，早稻田大学理工学部电气工学科毕业<br>4月，PCL（照相化学研究所）入职 | 3.27宣布退出国际联盟 |
| 1937 | 昭和十二年 | 29 | 5月，日本光音公司入职、就任无线部长 | 7.7卢沟桥事件 |
| 1940 | 昭和十五年 | 32 | 11月，日本测定器公司入职、任常务董事 | 10.12大政翼赞会成立 |
| 1945 | 昭和二十年 | 37 | 3月，在战时研究委员会与时任海军技术中尉的盛田昭夫相识<br>10月，东京通信研究所成立 | 8.15播放昭和天皇讲话 |
| 1946 | 昭和二十一年 | 38 | 5月，东京通信研究所改组，于东京都中央区日本桥以19万日元资本金成立东京通信工业（现索尼公司），就任董事长专务 | 11.3日本宪法公布 |

续表

| 公历 | 和历 | 年龄 | 相关事项 | 社会状况 |
|---|---|---|---|---|
| 1947 | 昭和二十二年 | 39 | 2月，公司总部及工厂迁至东京都品川区 | 5.3日本宪法施行 |
| 1950 | 昭和二十五年 | 42 | 7月，日本第一台磁带录音机"G型"发售<br>11月，就任董事长兼总经理 | 6.25朝鲜战争开始 |
| 1955 | 昭和三十年 | 47 | 8月，于东京股份公开<br>8月，日本首台半导体收音机"TR-55"发售 | 11.15自由民主党成立 |
| 1958 | 昭和三十三年 | 50 | 1月，公司更名为索尼公司<br>12月，在东京证券交易所上市 | 4.5长岛茂雄首次完成四打三振 |
| 1959 | 昭和三十四年 | 51 | 1月，"索尼理科教育振兴基金制度"开始实行<br>3月，开始向员工的学龄儿童赠送书包<br>10月，获科学技术厅长官奖 | 该年，岩户景气（1958—1961） |
| 1960 | 昭和三十五年 | 52 | 2月，索尼美国公司在美国成立<br>5月，世界第一台直视型便携式半导体电视"TV8-301"发售 | 9.5池田首相发布所得倍增政策 |
| 1961 | 昭和三十六年 | 53 | 12月，获蓝绶褒章<br>6月，第一个在美国发行ADR（美国预托证券）的日本企业 | 1.20美国总统肯尼迪就任 |
| 1962 | 昭和三十七年 | 54 | 6月，财团法人"杉菜会"成立 | 10.22古巴危机 |
| 1963 | 昭和三十八年 | 55 | 7月，世界首台半导体小型VTR"PV-100"发售 | 11.22肯尼迪被暗杀事件 |
| 1965 | 昭和四十年 | 57 | 8月，世界首台家用VTR"Video Coder（CV-2000)"发售<br>10月，就任身心障碍儿童（者）群体恳谈会（现身心障碍者福利会运营协会）委员。设立社会福利法人"太阳之家"（大分县别府市） | 4.1第一台国产客机YS-11首飞 |

续表

| 公历 | 和历 | 年龄 | 相关事项 | 社会状况 |
|---|---|---|---|---|
| 1966 | 昭和四十一年 | 58 | 4月,索尼大厦于银座、数寄屋桥角建成并开放 | 12.27黑雾事件,众议院解散 |
| 1967 | 昭和四十二年 | 59 | 4月,就任经济同友会干事(终身干事) | 8.3公害对策基本法公布 |
| 1968 | 昭和四十三年 | 60 | 10月,"特丽珑·索尼单枪三束彩色电视(KV-1310)"发售 | 12.10 3亿元事件 |
| 1969 | 昭和四十四年 | 61 | 10月,财团法人幼儿开发协会成立,就任理事长 | 1.18—1.19东大安田讲堂事件 |
| 1970 | 昭和四十五年 | 62 | 9月,在纽约证券交易所上市 | 3.14大阪万国博览会开幕 |
| 1971 | 昭和四十六年 | 63 | 6月,就任董事长 | 8.15尼克松冲击 |
| 1973 | 昭和四十八年 | 65 | 2月,社会福利法人"希望之家"(栃木县鹿沼市)成立,就任理事长 | 10月第一次石油危机 |
| 1975 | 昭和五十年 | 67 | 5月,家用β式VTR"βMAX"(SL-6300)发售 | 11.15第一次发达国家首脑会议召开 |
| 1976 | 昭和五十一年 | 68 | 1月,就任名誉董事长<br>4月,成为美国国家工程科学院外国会员<br>4月,被授予勋一等瑞宝章 | 12.24福田赳夫内阁成立 |
| 1978 | 昭和五十三年 | 70 | 6月,就任日本音频协会会长(平成四年6月卸任) | 5.20成田机场投入使用 |
| 1979 | 昭和五十四年 | 71 | 7月,随身听"Walk Man"(TPS-L2)发售<br>3月,就任财团法人国际科学技术博览会副会长(昭和六十一年七月卸任) | 1月第二次石油危机 |

续表

| 公历 | 和历 | 年龄 | 相关事项 | 社会状况 |
|---|---|---|---|---|
| 1980 | 昭和五十五年 | 72 | 5月,就任童子军日本联盟理事长 | 这一年,日本车辆生产数量成为世界第一 |
| 1985 | 昭和六十年 | 77 | 4月,被授予勋一等旭日大绶章<br>5月,被授予瑞典王国勋一等北极星奖章 | 9.22 G5广场协议 |
| 1986 | 昭和六十一年 | 78 | 6月,就任创始人·名誉总经理<br>11月,被授予文化勋章 | 4.1男女雇用机会均等法实施 |
| 1990 | 平成二年 | 82 | 5月,被授予美国布朗大学科学博士学位 | 湾岸危机开始 |
| 1992 | 平成四年 | 84 | 11月,就任创始人·最高顾问 | 6.15国际和平支援法案成立 |
| 1994 | 平成六年 | 86 | 12月19日,永眠。同一天,被追授正三位勋一等旭日桐花大绶章 | 6.21 1美元=99.85日元,战后首次跌破100 |
| 1997 | 平成九年 | 89 | | 11.24山一证券宣布自主停业 |

※ 本年谱以 *Family* 故创始人井深大·最高顾问追悼特别版(1998年4月、索尼公司发行)中记载的年谱为基准制成。

※ 年谱中记载的年龄为当年生日后的足岁。

## 写在 PHP 经营丛书"日本的企业家"系列发行之际

　　本套丛书介绍了像日本明治时期的涩泽荣一那样优秀的几位企业家。他们将日本商业在中世纪和近代的奋斗精神发扬光大,引领了近代的发展。日本在昭和时期饱受战争之苦,此后能快速复兴正是因为这些企业家的不懈努力。他们团结和领导人们,为实现社会富裕作出了杰出的贡献。1946年(昭和二十一年)11月创立本公司的松下幸之助就是其中的一人。他一方面励精图治致力于经营事业,另一方面又以"人乃万物之灵"为理念,通过本公司的各种活动向世人展示了繁荣、和平、幸福的美好愿景。

　　我们秉持着尊敬这些创时代的企业家的态度,汲取他们的人生智慧。在了解这些优秀企业家之后,通过他们的人生经历和经营历史一定会获得现实性的启示。秉承这种信念,为纪念公司创立70周年,决定发行PHP经营系列丛书。在策划本套丛书时,首先选取了活跃在日本近现代,重视经营理念的企业家们，一人做成一卷。松下幸之助以展现言微旨远的寓意为初衷，将宣传图标设计为两匹头部相对，在天空翱翔的飞马，给人以尊重个体、旨在和谐的印象。"以史为鉴可知战略，洞察人心"——基于史实和研究成果所撰写的本套丛书如蒙钟爱，我们将不胜欣喜。

株式会社PHP研究所

2016年11月